**청소년
진로
수업
대본**

청소년 진로 수업 대본

• 청소년 진로 코칭 전문가들의 1기 연구 결과물 •

권태용, 김대연, 김희숙, 박주원, 이태화, 황주하 지음

마인드빌딩

프롤로그

'어떻게 하면 청소년들이 행복해지도록 도울 수 있을까?'

청소년들에게 진로를 주제로 강의하는 선생님들이라면 모두 가지고 있는 마음일 것입니다. 아니 어쩌면 청소년 시절 진로를 제대로 찾지 못해 어른이 되어 방황과 후회의 시간을 보내야만 했던 모두의 아쉬운 마음이기도 합니다. 내가 경험했던 시행착오를 아이들은 되도록 겪지 않았으면 하는 바람이자 책임감일지도 모릅니다.

이런 마음이 쌓이고 쌓여서였을까요? 코로나로 세상이 얼어붙기 시작했던 2020년 초, 강남 어느 족발집에서 있었던 진로 진도 강사들 모임에서 책을 쓰자고 했습니다. 코로나로 강의가 취소되어 갑자기 시간이 많아졌다고, 막걸리를 마시며 웃고 떠들다가 한 말이었습니다. 하지만 마음은 진지했습니다. 위기는 기회이니 관점을 전환해야 한다고 떠들던 말을 실행할 때라고 생각했습니다. 그동안 쌓인 노하우를 정리하여 한 단계 더 성장하는 기회로 만들자고 했습니다. 청소년 진로 코칭 전문가들의 10년 노하우가 책으로 만들어지게 된 계기입니다.

진로 담당 교사나 학부모, 그리고 청소년 진로 지도 강사들에게 진로 지도를 할 때 가장 필요한 것이 무엇이냐고 물으면, 모두가 한목소리로 "수업을 참관하는 것보다 큰 도움이 되는 것은 없다"라고 말합니다. 실제 수업을 참관할 수 있으면 학생들의 반응이나 선생님들의 노하우가 그대로 자신의 경험이 될 수 있기 때문입니다. 이 책이 청소년 진로 코칭 전문가들이 현장에서 학생들에게 강의하는 내용을 마치 녹음해서 그대로 옮겨 놓은 듯한 구성을 가지고 있는 이유입니다.

이 책은 오랜 현장 경험을 가지고 있는 저자들의 실제 수업 내용을 10개의 수업으로 정리하였습니다. 각 수업은 '1 수업준비', '2 수업 진행', '3 진로 상담 Tip', '4 주제와 관련된 사례'로 나누어 마치 녹화된 수업을 시청하면서 자연스럽게 청소년 진로 지도에 관한 노하우를 체득할 수 있도록 구성하였습니다. 이 부분이 다른 청소년 진로 지도 관련 도서와 차별화할 수 있는 이 책만의 강점입니다.

그와 더불어 또 한 가지 강점을 꼽자면, 바로 '재미'입니다. 청소년들을 대상으로 하는 강의는 진지하면 망합니다. 그래서 어떻게 하면 진지한 내용을 재미있게 전달할 것인가, 어떻게 하면 아이들이 자신의 생각을 기꺼이 표현할 수 있게 할 것인가를 고민하고 또 고민해야 합니다. 이 책은 그에 대한 해결책을 담고 있습니다. 저자들이 수백 수천 번의 수업을 진행하면서 끊임없이 다듬고 개발한 노하우와 스킬들을 그대로 옮겨 놓았습니다.

같은 내용이라도 어떻게 전달하느냐에 따라 청소년들의 반응은 천지 차이입니다. 스타 강사가 그래서 생기는지도 모르겠습니다. 진로 지도 수업도 마찬가지입니다. 아이에게 맞는 진로를 찾기 위해 어떻게 해야 하는

프롤로그 ◆ 5

지에 대해서는 이미 인터넷에 수없이 많은 정보가 널려 있습니다. 하지만 그 내용을 모두 섭렵한다고 해서 청소년의 진로 지도를 할 수 있는 것은 아닙니다. 체계적이지도 않고 효과적인 전달 방법을 찾기도 힘들기 때문입니다. 게다가 어떻게 하면 재미있게 전달하여 청소년들이 흥미를 잃지 않고 수업 내용을 따라오게 할 수 있는지에 대한 고민은 더더욱 찾기 힘듭니다. 이 책은 청소년 진로 지도라고 하는 진지하고, 어쩌면 뻔한 내용을 어떻게 창의적으로 전달할 것인가에 대한 다양한 아이디어를 담고 있습니다.

"좋아하는 일과 잘하는 일 중에 뭘 해야 하느냐"라는 질문을 자주 받습니다. 많은 사람이 자신이 뭘 좋아하고 뭘 잘하는지 모르는 경우도 많은데 적어도 좋아하는 일과 잘하는 일이 뭔지 알고 있다면 다행이라 생각합니다. 좋아하는 일, 잘하는 일이 뭔지, 더 나아가 어떤 일에 가치를 느끼는지 생각해보는 것이 진로 찾기의 시작입니다. 진로에 대해 고민한다는 것은 자기와 세상에 대한 호기심이며 인생에 대한 철학적 사유입니다. 요즘에는 좋아하는 일, 잘하는 일 다 필요 없고 돈 되는 일을 해야 한다고 가르치는 분들도 있습니다. 아마 그분들은 그렇게 말하는 것이 돈이 되나 봅니다. 하지만 적어도 어른이라면 우리는 청소년들에게 그렇게 말하면 안 됩니다. 어떤 가치관과 어떤 일을 하느냐에 따라 그 사람의 삶이 달라집니다. 미래를 책임질 청소년들에게 있어 진로 지도는 그만큼 중요하고 사명감을 가져야 하는 일입니다. 이 책이 어른으로서 마땅히 가져야 하는 사회에 대한 책임감에 조금이나마 일조할 수 있었으면 하는 바람입니다.

청소년 진로 지도 강사로 일하면서 성장의 가장 큰 원동력이 되었던 것은 수업에 대한 학생들의 피드백이 적힌 설문지였습니다. 저는 항상 수업이 끝나면 학생들에게 수업 내용에 대해 솔직하고 정성껏 피드백을 작성해달라고 부탁합니다. 덕분에 부족한 부분을 어떻게 채울지, 수업의 전체적인 흐름을 어떻게 연출해야 할지, 커리큘럼 순서는 어떻게 짜는 것이 이해하기 쉬운지, 재미있으면서도 의미 있는 수업이 되려면 어떻게 해야 할지 꾸준히 고민하고 개선할 수 있었습니다. 어떤 말은 따끔했고, 어떤 말은 따뜻했습니다. 어쩌면 '지금까지 들은 진로 수업 중에서 최고였어요' 라는 말이 용기가 되어 이 책을 만들 수 있었는지 모릅니다. 수업을 들었던 청소년들 모두에게 감사합니다.

마지막으로 처음 책을 만들자고 의기투합하여 시작했지만 여러 가지 사정으로 인해 끝까지 함께하지 못한 세 분의 선생님들께 미안함과 고마움을 전합니다. 원고의 저자 여섯 명의 이름을 볼 때마다 괜히 허전하고 미안한 마음이 드는 것은 그 세 분의 노력을 익히 알고 있기 때문입니다. 그리고 돈이 되지 않을 책인데도 사명감과 책임감으로 기꺼이 출판을 도와주신 이재용 대표님께 감사한 마음을 전합니다. 또한 저희의 부족한 원고를 손에 잡히는 책으로 만들어 주신 마인드빌딩 출판사의 서재필 대표님께도 감사드립니다.

미래에 대한 불안으로 방황하는 청소년들을 좀 더 행복한 방향으로 이끌고자 하는 선생님들과 학부모님들에게 훌륭한 길라잡이가 되는 책이 되었으면 하는 바람입니다.

차례

프롤로그　4

이 책의 구성과 활용법　11

첫 번째 수업
관점 바꾸기 - "세상을 보는 방식에서 시작해요"　15

두 번째 수업
진로 다시 생각하기 - "진로를 다르게 정의해볼게요"　55

세 번째 수업
자기 이해 돕기 - "내면을 볼 수 있는 거울을 비춰주세요"　83

네 번째 수업
미래 스케치하기 - "직업 이야기는 조금 있다 해요"　109

다섯 번째 수업
비전 보여주기 - "꿈꾸기를 포기하지 않게 도와주세요"　135

여섯 번째 수업
강점 찾아주기 - "약점을 고치라고 하지 마세요"　163

일곱 번째 수업
첫 번째 신호 'A' - "좋아하는 이유를 설명하지 못해도 괜찮아요"　189

여덟 번째 수업
두 번째 신호 'H' - "몰입할 수 있는 일을 찾아주세요"　213

아홉 번째 수업
세 번째 신호 'A' - "좋아하본 일, 잘하는 일이 전부가 아니에요"　245

열 번째 수업
'AHA 진로' 특강 - "전체 수업이 한 눈에 들어오는 요약 강의"　273

부록 수업에 도움이 되는 것들　288

이 책의 구성과 활용법

이 책은 청소년 진로 코칭 프로그램 'AHA 진로(아하! 진로)'를 토대로 쓰여졌습니다. 'AHA 진로'는 지난 10년 동안 실시된 2박 3일 진로 캠프를 비롯하여, 초중고등학교 진로 수업, 청소년지도사 심화교육, 전국 곳곳에 있는 청소년수련관의 교육 프로그램으로 활용되었습니다. 이 책에서는 청소년 진로 교육에 매진했던 전문 강사들의 노하우를 집약해서 열 개의 수업으로 재구성하였습니다. 각 수업은 '1. 수업준비', '2. 수업진행', '3. 진로상담Tip', '4. 주제와 관련된 사례'로 이루어져 있습니다.

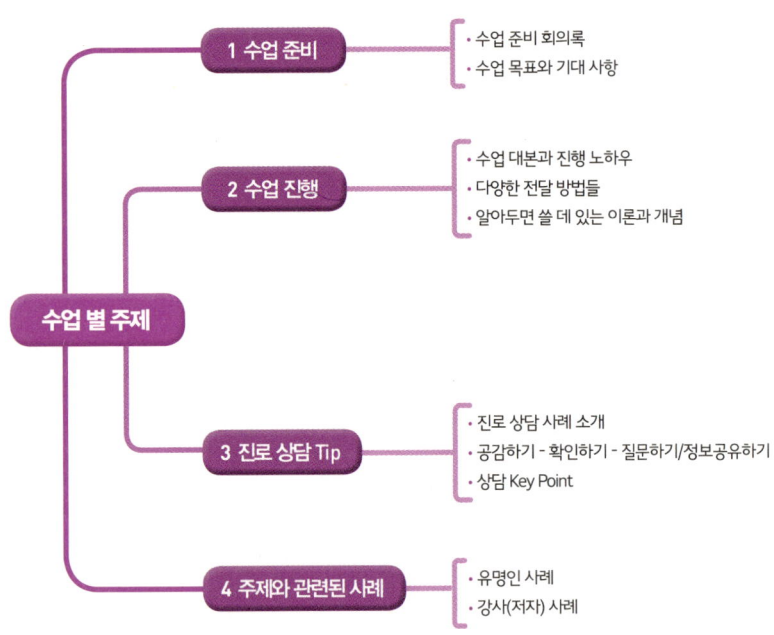

1 수업 준비

수업을 하기 전에 참고해야 하는 내용인 '① 수업 준비 회의록'과 '② 수업 목표와 기대 사항'으로 구성됩니다.

① 수업 준비 회의록

'AHA 진로' 프로그램을 재구성하면서 강사들이 나눈 이야기들을 정리했습니다. 독자들은 마치 회의에 참여하여 함께 이야기를 나누는 것 같은 느낌을 받을 것입니다. 저자들의 솔직한 고민이 담겨있으며, 주제에 관한 토론 내용을 요약했습니다. 또한, 수업에 들어가기 전에 반드시 알아야 하는 개념도 함께 설명했습니다. '수업 준비 회의록'을 읽고 수업을 준비하면 'AHA 진로' 프로그램에 대한 이해와 열 개의 수업으로 재구성한 맥락을 이해하는 데 큰 도움이 될 것입니다.

② 수업 목표와 기대 사항

선생님들에게는 아주 익숙한 '수업 목표'를 정리한 부분입니다. 조금 더 구체적으로 정리한 것이 있다면 수업을 마쳤을 때 학생들이 실제로 실천했으면 하는 생각과 말입니다. '수업을 마치고 이런 생각을 하면 참 좋겠다', '이런 말이 들린다면 얼마나 좋을까', '이런 행동으로 옮겨지면 더할 나위 없이 좋을 것 같다'라는 의견을 모아서 정리했습니다. 수업 목표와 기대 사항이 어떻게 수업으로 진행되는지에 대해서는 '2 수업 진행'의 '수업 대본과 진행 노하우'에서 확인할 수 있습니다.

2 수업 진행

실제 수업을 진행할 때 꼭 필요한 자료를 모았습니다. '① 수업 대본과 진행 노하우', '② 다양한 전달 방법들', '③ 알아두면 쓸 데 있는 이론과 개념'으로 구성됩니다.

① 수업 대본과 진행 노하우

직접 수업을 참관해서 보는 것 같은 생생한 녹취록을 담았습니다. 수업 자료는 만들었지만 막상 무슨 말부터 해야 할지 모르겠다던 선생님들을 떠올리며 저자들의 수업을 최대한 그대로 옮겼습니다. 대본은 '오프닝', '메시징', '클로징'으로 나뉩니다.

오프닝은 수업의 핵심 내용을 전달하기 전에 학생들의 주의를 집중시키고, 참여를 촉진하기 위한 단계입니다. 메시징에서는 수업의 핵심이 되는 활동을 하거나 중요한 개념을 설명합니다. 클로징은 수업을 마무리하면서 주제를 다시 한번 정리하는 단계입니다. 선생님들마다 진행 소요 시간이 다르겠지만 저희의 경험을 바탕으로 예상 시간도 표시했습니다. 게임이나 활동을 진행할 때 전하고자 하는 팁은 '아하 포인트'로 구분했습니다. 수업 대본 중에 삽입된 이미지들은 실제로 강사들이 스크린이나 TV에 띄우는 교안으로, 참고하시기 바랍니다.

② 다양한 전달 방법들

수업 대본으로 소개해드린 방법 외에 다양한 전달 방법들을 모았습니다. 수업을 참관하고 나서 '나는 저렇게 못 하겠다'며 좌절하는 선생님들께 위안이 되면 좋겠습니다. 수업 대본에 소개된 방식이 결코 정답은 아닙니다. 각자 자기에게 잘 맞는 방식으로 응용도 하고 더 자기다운 수업을 만드는 자료로 활용되길 바랍니다.

③ 알아두면 쓸 데 있는 이론과 개념

각 수업에서 꼭 알았으면 하는 이론과 개념들을 정리했습니다. 학생들에게 질문을 받았을 때 보충 설명할 수 있는 자료가 됩니다. 그 외에도 선생님들의 깊이와 내공을 보강할 수 있습니다. 누구나 수업을 혼자 준비하다 보면 방대한 주제를 어떻게 정리할지 막막한 순간이 있습니다. 알아두면 요긴하게 쓰이는 이론과 개념들이 시간을 절약하는 데 큰 도움이 되길 바랍니다.

3 진로 상담 Tip

반 전체를 대상으로 하는 수업이 끝나고 1:1 상담을 할 때 활용할 수 있는 팁을 모았습니다. 모든 대화를 정형화할 수 없지만 이해를 돕기 위해서, '공감하기', '확인하기', '질문하기 또는 정보 공유하기'로 정리했습니다. 마지막 '상담 Key Point'는 주제와 관련해서 꼭 기억해야 할 핵심 내용을 요약했습니다.

4 주제와 관련된 사례

각 수업 별로 주제와 연결할 수 있는 유명인의 사례를 정리했습니다. 나아가 저자들의 경험에 'AHA 진로' 내용을 적용해보고, 실제로 영향을 끼친 이야기도 소개했습니다. 저자들의 사례는 최대한 학생들에게 수업하는 느낌을 살려 실었습니다. 다양한 사례를 통해서 선생님들의 이야기로 재구성해보시는 것도 추천합니다.

일러두기
이 책은 실제 교사가 현장에서 학생들을 대상으로 수업을 진행하는 형식으로 집필되었습니다. 그로 인해 사진 자료 등을 제시하고 설명할 때 자료를 교실 모니터에 띄우고 설명한다는 전제 하에 내용이 전개됩니다. 책을 읽는 독자에게는 조금 어색한 설명이 될 수 있으나, 진로 지도 수업을 진행할 때 최대한 구체적으로 도움이 될 수 있도록 하기 위한 노력이오니 이해해 주십시오.

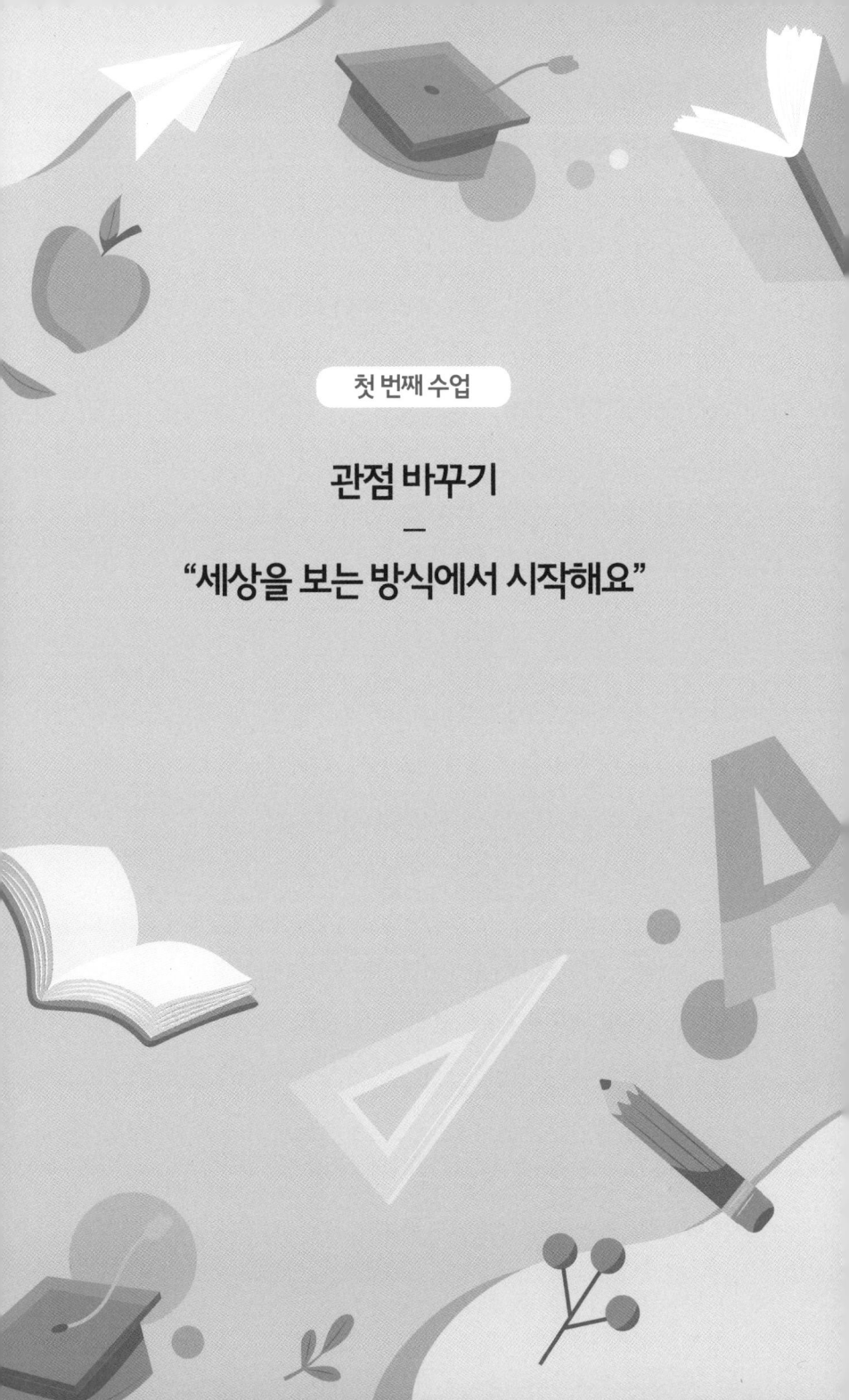

첫 번째 수업

관점 바꾸기

—

"세상을 보는 방식에서 시작해요"

1 수업 준비

① 수업 준비 회의록

"진로 수업을 준비하려고 할 때 어떤 이야기부터 해야 할지 막막할 때가 있잖아요? 그런 면에서 첫 수업이 더욱 중요한데, 이 책을 읽는 선생님들께 첫 수업의 배경을 잘 알려드리면 좋을 것 같아요."

"진로 수업인데 바로 진로 이야기를 하지 않고 '관점'을 먼저 다루는 의도도 잘 설명하면 좋겠네요."

"관점이 다양한 주제에 적용될 수 있다는 것, 관점을 모든 주제의 틀로 다루고자 하는 게 우리의 의도인데, 예를 들어 관점을 맨 처음에 다루면 이어서 나오는 주제들을 '진로에 대한 관점', '나에 대한 관점', '꿈에 대한 관점', 이런 식으로 설명할 수 있어서 좋은 것 같아요."

"관점이 광범위한 내용들을 포괄적으로 설명하기에 굉장히 좋은 개념인 것 같아요. 그런데 관점을 주제로 하면 워낙 이야기할 게 많아서 구체적으로 어떤 내용에 초점을 맞추느냐를 명확하게 하는 것도 중요하다고 생각해요."

"관점과 비슷한 뜻으로 '패러다임'이란 용어를 쓰는데, '패러다임 전환'에 대한 메시지도 꼭 전달되었으면 해요."

"맞아요. 관점이 무슨 뜻인지 아는 것도 중요하지만 관점 전환에 대한 중요함도 학생들이 알았으면 좋겠어요."

"그리고 관점이 우리의 감정과 행동에 영향을 미친다는 것도요. 관점이 우리에게 미치는 영향을 알아야 관점을 바꾸고 싶다는 마음이 생기니까요."

"진로에 대한 관점이 진로에 대해 느끼는 감정에 영향을 미치고, 진로에 대해 느끼는 감정이 결국 행동에도 영향을 미친다는 게 잘 전달되면 좋겠네요."

"그럼 관점이 무엇인지 먼저 간단히 설명하고, 관점이 감정과 행동에 미치는 영향, 마지막으로 관점 전환을 다루는 걸로 정리할까요?"

"저는 그동안 아이들에게 '긍정적인 관점을 가져라', '긍정적인 패러다임으로 전환해라'라는 메시지가 강조되는 것이 괜히 불편했는데, 단순히 긍정적인 관점으로 전환하라는 것보다 관점이 감정과 행동에 영향을 미치는 것을 설명하니까 훨씬 좋은 것 같아요. 뭔가 강요하는 기분도 덜 들고, 아이들에게도 관점 전환의 중요성이 더 잘 와 닿는 느낌이 들어요."

"책을 읽으시는 선생님들도 공감하시면 좋겠네요. 바로 진로 이야기를 하는 것보다 관점을 먼저 다루는 것이 더 효과적이라는 말씀도 꼭 드리고 싶어요."

② 수업 목표와 기대 사항

첫 번째 수업의 목표는 다음과 같습니다.

- ◆ 관점이란 무엇인지 알게 하기
- ◆ 관점이 삶에 미치는 영향에 대해서 알게 하기
- ◆ 관점 전환의 필요성과 중요성에 대해 알게 하기

나아가 학생들이 수업을 듣고 아래와 같이 생각한다면 수업 목표를 달성했다고 말할 수 있을 것 같습니다.

- ◆ 관점이라는 말의 뜻은 알았지만 어떤 의미가 있는지 자세히 알게 됐다.
- ◆ 관점이 나의 감정과 행동에 영향을 미친다고 생각하니 더 중요하게 느껴진다.
- ◆ 나의 잘못된 관점을 좋은 방향으로 전환해봐야겠다.

2 수업 진행

① 수업 대본과 진행 노하우

자, 여러분 아래에 보이는 글자를 잘 조합하면 어떤 문장이 될까요?

학생1 애국…가… 첫…

학생2 동해물과 백두산이…

네, 맞아요. '애국가 첫 소절 부르기'입니다. 그럼 다음 문제부터는 적혀 있는 문장을 먼저 말하는 사람이 정답이 아니라, 그 문장이 지시하는 내용을 먼저 실행하는 사람이 정답이에요. 아시겠죠? 자, 다음 문제.

학생1 자리에서, 아!

학생2 (자리에서 일어나며) 만세!

오! 좋아요. '자리에서 일어나 만세'였어요. 실제로 자리에서 일어나 "만세"를 외치면 돼요. 슬슬 적응하고 있네요, 그럼 다음 문제도 풀어보죠.

학생들 (서로 주변 사람을 찾아서 하이파이브) 짝!

맞아요. '옆 사람과 하이파이브'예요. 저 뒤에 있는 친구는 옆 사람이 멍하니 있으니까 친절하게 친구 손을 들어 올려서 하이파이브 하네요. 자, 여러분 실력이 만만치 않으니 난이도를 조금만 올려볼게요.

오~ 정답! '가까운 사람 어깨 주물러주기'. 저 뒤에 친구는 급한 마음에 '가까운 사람 깨…물…어…?', "아~~"

자, 마지막 문제예요. (몇몇 학생들이 옆 사람과 묵찌빠 시작) 와, 이제 정말 빠르네요, 정답은 '옆 사람과 묵찌빠 한 판 하세요'입니다. 그럼 옆 사람과 묵찌빠 한 판씩 할게요.

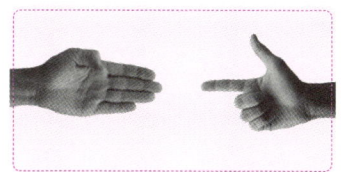

묵찌빠 이긴 사람 손! 아쉽게 묵찌빠 졌다 손! 서로 이겼다고 손드는 사람도 있네요. 묵찌빠를 이겼다고 좋은 것도, 졌다고 나쁜 것도 아니에요. 안심하세요. 지금부터 두 개의 그림을 보여줄 거예요. 하나는 묵찌빠에서 이긴 사람만 볼 거고, 또 하나는 진 사람만 볼게요. 자기 순서가 아닌데 보면 안 돼요. 몰래 눈 뜨고 보면 재미없으니까 조금만 참아요. 1분 후에 어떤 그림이었는지 공개 예정이니 자기 순서에만 눈을 뜨고 그림을 보도록 해주세요. 먼저 이긴 사람만 3초간 그림을 볼게요. 진 사람은 자리에 눈을 감고 3초 카운트다운 시작.

묵찌빠에서 진 학생들 3, 2, 1

고마워요. 이번엔 반대로 바꿔서, 진 사람이 3초간 그림을 볼게요. 이번엔 이긴 사람이 눈을 감고 3초 시작!

묵찌빠에서 이긴 학생들 3, 2, 1

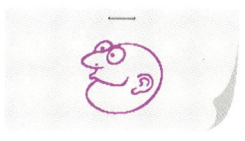

약속 지켜줘서 고마워요. 이번에는 함께 볼게요. 다음에 나오는 그림이 무슨 그림처럼 보이는지 함께 외쳐볼게요. 하나, 둘, 셋!

학생들 쥐요! 사람 얼굴이요! 개구리요! 닭 다리요! 쟤 얼굴이요!

먹고 싶은 거 말고, 보이는 걸 말해요. 가장 많이 나오는 의견이 쥐와 사람 얼굴이네요 '쥐'로 보이는 사람 손? '사람 얼굴'로 보이는 사람 손? 사실 여기에는 비밀이 있어요. 묵찌빠에 이겼던 친구들, 혹시 어떤 그림 봤는지 기억나요?

학생1 쥐요.

학생2 어? 저 그림 아니었어?

묵찌빠에서 진 친구들은요?

학생 사람 얼굴?

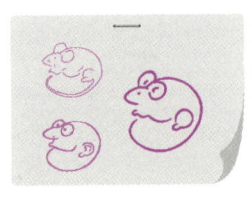

쥐 그림을 먼저 봤던 친구들은 이 그림을 볼 때 뭐가 보일 확률이 높을까요?

학생들 쥐~~! 쥐요~~!

맞아요. 쥐 그림으로 보일 확률이 높아요. 그럼, 사람 그림을 먼저 봤던 친구들은?

학생들 사람~~!

네, 사람이 보일 확률이 높아요. 딱 3초 봤는데도 영향을 주네요. 이렇게 여러분이 지금까지 한 경험은 여러분이 세상과 사람을 바라보는 시각에 영향을 미치고 있어요.

바로 '이것' 때문인데요.

학생들 관장! 관심! 관종! 관중! 관점!

다들 어휘력이 보통이 아니네요. 오늘 선생님이 말하고 싶은 단어는 '관점'이에요. 관점은 우리가 어떤 대상을 바라볼 때 그 대상에 대한 나의 ㅅㄱ, ㅌㄷ예요.

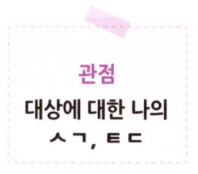

학생들 생각, 태도

네, 맞아요. 내가 세상을, 나 자신을, 친구를, 인생을 어떻게 바라보느냐는 그동안 살아오면서 형성된 나의 관점에 따라 달라질 수 있어요. 자신이 가지고 있는 관점에 따라 바라보는 방향이 달라집니다. 햇빛이 쨍쨍한 날, 검은색 선글라스를 착용하면 세상이 어둡게 보이는 것처럼 어떤 관점을 갖느냐에 따라 세상이 다르게 보입니다. 그래서 어떤 렌즈, 어떤 관점을 선택하는지가 중요합니다. 다행히 자신이 무슨 색 렌즈를 착용할지는 스스로 선택할 수 있습니다. 다음 그림에서 판다를 찾아볼까요?

판다를 찾은 사람은 손을 들어주세요. 절반 정도 손을 들면 정답 공개할게요.

학생1 저기요.

학생2 찾았다!

학생3 아~~

판다는 여기 있습니다.

자, 이번엔 판다들 속에 숨어 있는 강아지를 찾아볼게요.

학생1   찾았다!!

학생2   저기 있어요!

학생3   …?

강아지를 찾은 사람은 옆에 있는 친구에게 힌트를 한번 줘 볼게요.

강아지는 바로 여기에 있습니다.

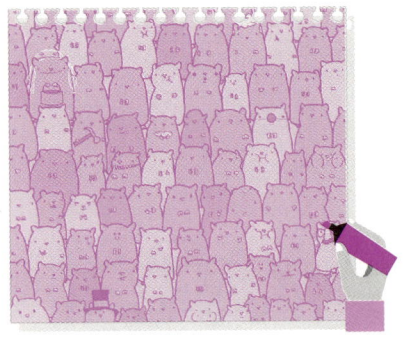

자, 이번엔,

학생 저기 있어요.

아직 뭘 찾는지 말도 안 했어요. 이번엔 햄스터 속에 숨어 있는 고구마를 찾아볼게요. 찾은 친구들은 손을 들면 돼요.

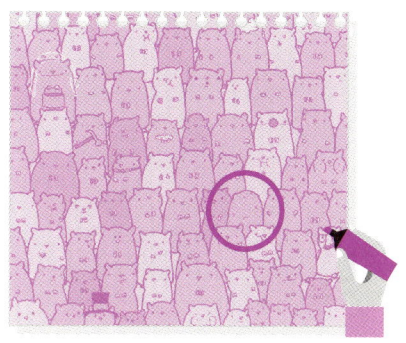

마지막 문제. 이 사진은 무슨 사진 같아요?

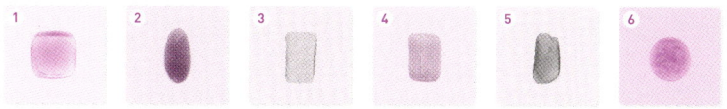

이 문제를 맞히면 사진 속 물건을 상품으로 드릴게요.

학생1 와~~ 대박~~!

학생2 저요~! 보석이요.

학생3 에메랄드요.

학생4 다이아몬드.

여섯 개 모두 합치면 얼마나 할까요?

학생1 100만 원!

학생2 1억 원!

학생3 100억 원!

여섯 개 모두를 산다고 하면, 얼마 정도면 사겠어요?

학생1 1만 원이요.

아까는 1억 원, 100억 원 말하더니, 살 땐 만 원이요? 그런데 눈사람 속에 판다가 숨어 있었던 것처럼, 이 중에 비누가 있습니다! 몇 번이 비누일까요?

학생들 헐! 1번!. 2번! 3번! 4번! 5번! 6번!

정답은 여섯 개 모두 비누예요. 이건 '일상의 보석들'이라는 제목의 작품이에요. 쓰다 남은 비누로 작품을 만든 거죠. 보석이라고 생각했다가 쓰다 남은 비누라고 하니까 조금 다르게 보이나요? 사진 속 물건을 맞히면 상품을 준다고 했는데 쓰다 남은 거 말고 새 비누를 선물로 주면 괜찮을까요? 지금까지 우리는 여러 가지 그림을 보면서 어떤 대상을 다르게 볼 수 있다는 것에 대해서 배웠어요. '관점'이라는 용어로 설명해본다면, 어떤 대상을 다른 관점으로 본다는 거죠.

여러분, 이 사진은 어떻게 보이나요? 이 사진을 보면 어떤 느낌이 드나요?

학생1 윽!

학생2 아, 답답해요.

학생3 어? 난 학교 재밌는데.

자, 벌써 다양한 느낌을 이야기했는데요, 지금처럼 '교실' 하면 떠오르는 걸 포스트잇에 써서 칠판에 붙여주세요.

아하! 포인트 ✦

참여자의 적극성에 따라 활동을 달리 가져갈 수 있습니다. 참여도가 좋은 친구들은 조별로 함께 써보고 발표하는 방법을 추천합니다. 중간 정도의 참여도일 경우 각자 포스트잇에 쓰고, 교사가 정리해줍니다. 참여도가 낮은 경우 질문을 하고, 나오는 답변을 교사가 직접 적어서 공유합니다.

우리는 학교에 대해 나름의 관점을 가지고 있어요. 그 관점은 학교에 대한 감정에 영향을 미칩니다. '학교에 대한 관점이 부정적이면 교실 사진만 봐도 부정적인 기분이 들 수 있고, 학교 가는 게 귀찮다는 감정까지 느낄 수 있어요. 그러나 학교에 대한 관점이 긍정적이면, 태도나 감정도 긍정적으로 형성되어, 심지어 휴일에 학교 가는 날이 기다려지기까지 합니다.

학생들 헐~~ 말도 안 돼요.

선생님은 여러분을 만나러 학교 오는 발걸음이 가벼워요.

학생1 에이~ 뭐예요~
학생2 저도 좋아요.

이처럼 관점은 우리의 감정과 행동에 영향을 준답니다.

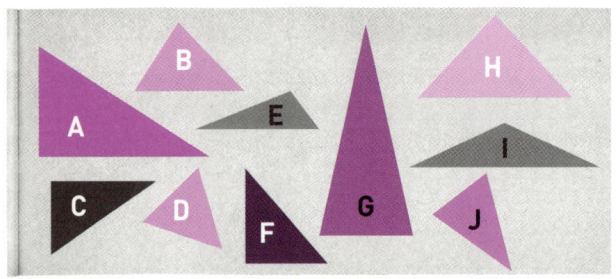

여러분, 정삼각형을 찾아볼까요?

학생1 H요.

학생2 B요.

학생3 아니야. 음… 없는데요?

학생4 정답! 지문에 있는 '정삼각형' 단어요.

오, 창의적인데요? 원래 정삼각형은 한 개였는데, 지문의 정삼각형은 인정! 정삼각형이 두 개가 됐네요. 한 개 더 찾아볼래요?

학생 5 정답! A요. 알파벳 A 안에 정삼각형이 있어요.

학생 6 헐~~ 대박!

나는 전혀 생각하지 못했는데, 대단하네요.

좋은 흐름을 이어가 볼까요? 801, 601, 011 다음 네모 안에 알맞은 숫자는?

학생1   111이요.

111이요? 어떻게 해서 그 숫자를 생각했어요?

학생1   뒤집어서요.

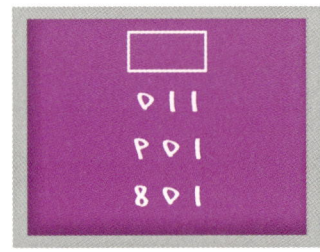

뒤집으면? 108, 109, 110, 111

학생1   와, 대박!
학생2   정말 신기하다!

자, 정답을 맞힌 친구에게 박수 한 번 주세요. 방금 퀴즈에서처럼 관점을 달리하면 보이지 않던 것들이 보이기도 해요.

여러분, 코끼리를 실제로 본 적 있나요?

학생1 없어요~
학생2 동물원 가서 봤어요.

코끼리를 실제로 보면 정말 크죠? 서커스단에서는 이렇게 큰 코끼리를 작은 말뚝에 묶어 놓는다고 해요. 코끼리가 살짝만 당겨도 쏙 빠질 것 같은데, 코끼리는 도망가지 않는대요. 왜 그럴까요?

사람들은 코끼리가 새끼일 때 자기 힘으로는 벗어날 수 없는 말뚝에 묶어놔요. 아직 작고 힘이 약한 새끼코끼리는 여러 차례 말뚝을 벗어나려고

첫 번째 수업 관점 바꾸기 ◆ 37

시도하지만 계속 실패해요. 시간이 지나고 실패 경험이 반복된 코끼리에 겐 어느새 '난 말뚝을 벗어날 수 없어'라는 관점이 자리 잡아요. 이제는 살짝 당기기만 해도 쏙 빠질 텐데, 말뚝을 당겨볼 시도조차 하지 않고 말뚝 주변을 벗어나지 못하죠.

여러분 각자 자기 발목을 한번 보실래요? 말뚝이 있지 않나요?

학생1 아무것도 없는데요?

학생2 안 보여요~

우리는 자신의 관점을 점검할 필요가 있어요. 혹시 '난 소심해', '난 수학을 못 해', '난 안될 거야'와 같은 발목을 잡고 있는 말뚝이 있진 않은지, 살짝 당기기만 해도 쏙 뽑힐 텐데 시도조차 못 하고 있진 않은지 생각해보세요. 자신의 관점을 점검해보고 부정적인 관점은 바르고 건강한 관점으로 전환해 보아요. 관점을 뒤집어 보면 보이지 않던 새로운 것들이 보일 거예요.

이번 수업에서 우리는 '관점'에 대해 알아봤어요. 그동안 종종 사용한 단어일 수도 있겠지만 이번 수업을 통해서 '관점의 중요성', '관점이 감정과 행동에 미치는 영향', '관점의 전환과 관점 점검'에 관해 자세히 배웠어요. 여러분이 어떤 관점을 가지고 있는지 살펴보고, 그 관점이 여러분의 감정과 행동에 어떠한 영향을 미치는지 생각해보는 시간이 되었길 바랄게요.

② 다양한 전달 방법들

● 일상의 사례를 활용하는 방법

코로나19로 인해 친구들과 놀러 나가지도 못하고, 맛있는 것을 사 먹거나 영화를 볼 수도 없어서 짜증 나 있는 A의 이야기를 들려줍니다. 그리고 같은 상황임에도 집에서 할 수 있는 즐거운 일들을 찾아서 시간을 잘 보내고 있는 B의 이야기도 들려줍니다. 각 사례에서 보이는 관점이 어떠한지 학생들에게 질문합니다. 코로나19 상황을 대하는 관점이 우리의 감정과 행동에 영향을 미칩니다. 관점 앞에 이름을 붙여서 '피해자 관점', '짜증 관점', '할 수 없어 관점', '긍정 관점', '가능성 관점', '낙천적 관점' 등 다양한 의견이 나올 수 있을 것입니다. 이렇게 관점 앞에 이름을 붙이게 되면 나의 현 상황에 대한 시점이 '이런 관점이구나'를 더 쉽게 인식할 수 있습니다. 나아가 객관적으로 상황을 바라볼 가능성 또한 높아집니다. 이렇듯 일상에서 경험할 수 있는 이야기를 통해 관점이 삶에 미치는 영향에 관해서 설명할 수 있습니다.

● 퀴즈를 활용하는 방법

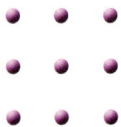

아홉 개의 점을 학생들에게 보여줍니다. 손을 떼지 않고 네 개의 직선으로 아홉 개의 점을 모두 지나가게 할 수 있는지 물어봅니다. 이 문제를 미리 접해본 사람이 아니라면 풀기가 쉽지 않습니다. 왜냐하면 대부분의 사람들이 실제로는 사각형이 없지만 아홉 개의 점으로 만들어진 사각형 안에서 문제를 풀기 때문입니다. 하지만 관점을 전환하면 여러 가지 방법들을 찾을 수 있습니다. 우선 사각형을 벗어나면 연결이 쉬워집니다.

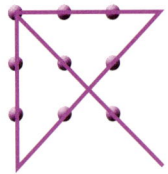

네 개의 직선으로 아홉 개의 점을 모두 지나가게 하는 문제는 이미 정답을 알고 있는 학생들도 있습니다. 그럴 때는 세 개의 직선으로도 가능한지 물어봅니다.

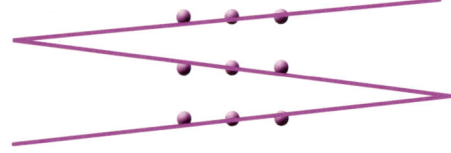

더 나아가 한 개의 직선으로도 가능한지 물어볼 수도 있습니다.

위의 모든 정답을 관점 전환과 연결하여 설명할 수 있습니다. '관점이 고정되면 생각이 틀에 갇힐 수 있다. 내가 가지고 있는 관점이 어떤 것인지를 확인하고 다르게 생각해보려는 노력이 필요하다'는 메시지로 관점 전환을 설명할 때 유용합니다.

● **직접 경험을 통한 방법 : 상자 속 물건 맞추기 게임**

학생들이 직접 참여하며 관점이 감정과 행동에 어떻게 영향을 주는지 확인해 볼 수 있습니다.

활동 방법

1 학생들에게 내부가 보이지 않는 상자를 보여 줍니다. (상자를 보여주며 설명할 때 상자 안에는 어떤 물건이 있을지 알 수 없다며 상상력이 자극되는 말을 함께해 주면 좋습니다)

2 학생 중 한 명이 나와 보이지 않는 상자에 손을 넣어서 만져보고 안에 있는 물건이 무엇인지 맞히면 상품을 준다고 제안합니다. (희망자가 없을 시 적극적인 학생에게 의사를 물어보는 것도 효과적입니다)

3 참가를 희망한 학생과 간단한 인터뷰를 진행합니다. (질문 예시 : '안에 어떤 물건이 있을 것 같아요?', '여기 나오게 된 이유가 뭐예요?', '현재 심정은 어떤가요?')

4 인터뷰가 끝나면 물건 맞히기 활동을 시작합니다. (이때 참가자를 제외한 학생들이 상자 안을 볼 수 있게 하면 더욱 재밌는 상황을 연출할 수 있습니다)

상황별 예시

활동에 참가한 경우

- **드러난 행동** : 거리낌 없이 나와서 상자에 손을 넣고 무슨 물건인지 맞힘
- **인터뷰 속 참가자 (관점+감정)** :

    Q1 왜 참여하게 됐나요? (관점)
    A1 수업이니까 별거 아닐 것 같았고, 재밌을 것 같아서요.
    Q2 손을 넣기 전에 어떤 마음이었나요? (감정)
    A1 생각보다 조금 떨리긴 했는데 아까 말했던 것처럼 별거 아닐 것 같다는 생각이었어요!

활동에 참가하지 않은 경우

- **드러난 행동** : 아무런 시도도 하지 않거나 앞으로 나와서 주저하고 포기함
- **인터뷰 속 참가자 (관점+감정)** :

    Q1 왜 참여하지 않았나요? (관점)
    A1 왠지 이상한 게 들어있을 것 같아서요.
    Q2 참여하라는 말을 들었을 때 어떤 마음이 들었나요? (감정)
    A1 처음엔 궁금함이 제일 컸는데 직접 한다고 생각하니 무서웠어요.

위와 같이 활동에 참가하는 경우와 그렇지 않은 경우를 예로 들어 관점이 감정과 행동에 영향을 미치는 것을 설명할 수 있습니다.

● **동영상을 활용하는 방법**

EBS의 다큐프라임 〈인간의 두 얼굴 2〉에서 외국인이 우리나라 사람들에게 길을 물을 때, 사람들이 어떻게 반응하는지를 관찰한 부분을 활용할

수 있습니다. 동양인과 서양인에게 다르게 반응하는 태도를 보면서 우리가 외국인에게 어떤 관점을 가지고 있는지 생각해보게 하고, 나아가 관점이 감정과 행동에 영향을 미친다는 것도 설명할 수 있습니다.

③ 알아두면 쓸 데 있는 이론과 개념

● 패러다임과 프레임

관점과 비슷한 의미로 '패러다임Paradigm'과 '프레임Frame'이란 단어를 쓰기도 합니다. 패러다임은 그리스어 '패러디그마paradeigma'를 어원으로 하며, 1962년 미국의 철학자 토머스 쿤이 《과학 혁명의 구조》라는 책에서 소개했습니다. '특정 시대를 지배하는 견해나 사고, 이론'의 의미로 쓰이다가 현재는 '세상을 인식하는 방식'이라는 뜻으로 널리 쓰이고 있습니다. 언론보도와 관련해서 많이 듣게 되는 프레임 역시 '생각의 틀'이라는 뜻으로 쓰입니다. 미국의 인지언어학자 조지 레이코프는 자신의 책 《프레임 전쟁》에서 프레임을 특정한 언어와 연결되어 연상되는 '사고의 체계'라고 정의하기도 했습니다.

● 로젠탈 효과

'로젠탈 효과Rosenthal effect'란 캘리포니아 주립대학의 로버트 로젠탈 교수의 연구로 알려진 심리학 용어입니다. 로젠탈 교수는 샌프란시스코의 한 초등학교를 대상으로 실험을 했습니다. 학생들 중 20%를 무작위로 뽑아서 교사에게 명단을 주면서 이 학생들은 학업성취 향상의 가능성이 높은 학생들이라고 거짓말을 합니다. 놀랍게도 8개월 후에 이 명단의 학생들은 실제로 다른 학생들보다 우수한 성적을 보였습니다. 교사의 기대와 긍정적인 관점이 학생들에게 좋은 영향을 미쳤기 때문입니다. 실제로 교사들은 20%의 학생들을 더 열정적으로 가르쳤고 긍정적인 기대감도 더 많이 전달했습니다. 1968년에 〈교실에서의 피그말리온 효과Pygmalion in the classroom〉라는 보고서로 발표되면서, 그리스 신화에서 유래된 피그말리온 효과와 같은 의미로 쓰이고 있습니다. 결국 긍정적인 관점이 긍정적인 감정과 행동에 영향을 미친다는 근거로 활용할 수 있는 개념입니다.

● **부정적 관점과 스티그마 효과**

'스티그마 효과Stigma effect'는 부정적 관점을 잘 설명해주는 개념입니다. '낙인 이론'에 바탕을 두고 '낙인 효과labeling effect'라고 부르기도 합니다. 오명이나 낙인을 뜻하는 '스티그마stigma'처럼 특정 대상에게 부정적인 관점을 가지면 실제로 그 대상이 점점 더 나쁜 행동을 하게 되고, 그 대상에 대한 부정적 관점이 지속되는 현상을 말합니다. 낙인 이론을 바탕으로 미국의 사회학자 하워드 S. 베커는 특히 처음 범죄를 저지른 사람에게 범죄자라는 낙인을 찍으면 재범을 저지를 가능성이 높다는 주장을 하기도 했습니다. 부정적인 관점과 그 부작용에 대해 설명하기 위한 자료로 유용합니다.

● **스톡데일 패러독스**

'스톡데일 패러독스Stockdale paradox'는 베트남 전쟁 때 포로 생활을 했던 미군 장교 제임스 스톡데일의 이름에서 유래된 개념입니다. 스톡데일은 실제 포로수용소 현장에서 냉철하게 현실을 직시하고 철저히 대비해서 결국 살아남았습니다. 그러나 아무런 대비 없이 상황을 낙관적으로만 보던 동료들은 상심을 못 이기고 죽게 됩니다. 그의 경험으로부터 긍정적인 관점을 갖는 것도 중요하지만 무비판적이고, 비합리적인 낙관주의는 위험할 수 있다는 것을 설명할 수 있습니다. 긍정적인 관점으로 전환하는 것을 강조하다 보면 자칫 낙관주의의 부작용을 놓칠 수도 있는데 긍정적인 관점과 현실을 직시하는 것의 균형을 설명할 때 유용한 개념입니다.

3 진로 상담 Tip

"다른 친구들을 보면 진로를 정한 애들도 많아서 부러워요. 저는 아직 뭔가 확실히 정한 게 없어서 불안하고 막막해요."

위 고민은 '진로를 일찍 정하는 것이 좋다'는 관점에서 나온 고민입니다. 일종의 고정관념입니다. 이런 고민은 비단 학생들뿐만 아니라 부모들도 많이 합니다. '진로는 빨리 정할수록 좋다'는 관점은 불안의 원인이 됩니다. 다음 챕터에서 진로에 대해서 더 자세히 다루겠지만, 빨리 정할수록 좋다고 생각하는 그 '진로'는 과연 무엇을 말하는 걸까요? 경험에 비추어 보면 대부분 직업을 의미합니다. 결국 나중에 갖고 싶은 직업을 빨리 정하는 것이 좋고 그렇지 않으면 뭔가 잘못 하는 것이라는 관점으로 진로를 대하고 있는 것입니다. 사실일까요? 그렇다면 저희가 경험한 다른 고민을 들려드리겠습니다.

"이제 곧 고3이 되는데 완전히 망했어요. 중학교 때 진로 캠프에도 갔었고 나름 일찍부터 진로에 대해 고민했었는데 막상 현실을 생각하니까 어떻게 해야 할지 모르겠어요. 내 길은 이 길이라는 확신을 갖고 지금까지 열심히 했는데 이제 와서 보니 내 길이 아닌 것 같아요. 하지만 중간에 진로를 바꾸면 그동안 해왔던 노력이 아까울 것 같고, 다른 길에 대한 고민도 많이 안 해서 다른 진로를 찾기도 어려울 것 같아요. 그래서 오히려 하나만 정하지 않고 모든 가능성을 다 열어놓고 고민하는 친구들이 부럽기도 해요. 괜히 일찍 정했나? 하는 생각도 들고요."

이 학생에게는 뭐라고 말해주고 싶은가요? 포기하지 말고 그냥 생각했던 그 길로 계속 밀고 나가라고 말해줘야 할까요? 한 우물만 파다 보면 성공한다고 말해줘야 할까요? 정말 그러면 성공하나요? 원하는 직업을 일찍 정하면 정하는 대로, 늦게 정하면 정하는 대로 모두 장단점이 있습니다. 어느 한쪽만 바람직하고 나머지 한쪽은 바람직하지 않다는 관점은 자칫 위험한 조언을 하게 합니다. 성격에 따라 무언가 확실히 정해 두는 것에 동기부여 되는 사람도 있고, 정해진 대로 하는 것에 극심한 스트레스를 받는 사람도 있습니다. 구체적으로 설정한 목표의 긍정적인 효과를 부정하지는 않습니다. 다만 진로를 목표 정하듯 미리 정해놓는 것이 반드시 바람직하다는 것은 다시 생각해볼 필요가 있습니다. 다수의 전문가들도 진로를 삶과 동일시하면서 평생의 범위에 걸쳐 있다는 것에 일치된 견해를 보입니다.[1] 진로는 어떤 특정 시점에 계획을 세워서 발달시켜야만 하는 것은 아닙니다. 처음 소개한 질문에 이어서 '공감하기 - 확인하기 - 질문하기 또는 정보 공유하기'로 나눈 대화를 소개해드립니다.

---

1 〈진로교과목을 수강한 대학생의 진로구성 경험에 관한 내러티브 탐구〉 강미영, 한국질적탐구학회 학술대회 자료집 VOL.2019 NO.춘계 (2019) :165-168

> **공감하기**
>
> "직업을 빨리 정하는 것이 좋다는 생각을 했나보구나. 그렇게 생각할 수도 있지. 그러면 직업을 정한 친구들이 부럽고, 뭔가 앞서 나가는 것처럼 보일 수도 있을 거야. 괜히 그런 친구들을 보면 조바심도 나고, 뭔가 뒤처지는 느낌도 들었겠구나."
>
> **확인하기**
>
> "'직업은 빨리 정할수록 좋다' 이것도 일종의 관점이야. 진로에 대한 관점이지. '직업을 빨리 정하지 않으면 큰일 난다' 이런 관점으로 세상을 보면 직업을 일찍 정한 사람은 잘한 사람, 그렇지 않은 사람은 잘못한 사람으로 보일 수 있겠지. 혹시 다른 친구들이 부럽고, 스스로 뒤처지는 느낌이 드는 게 이런 이유 때문일까? 어떻게 생각해?"

많은 학생들이 자신이 어떤 관점을 갖고 있는지 스스로 알지 못합니다. 그렇기에 상담을 통해서 자신의 관점을 확인하는 것만으로도 관점 전환의 중요한 시작이 될 수 있습니다.

> **질문하기 또는 정보 공유하기**
>
> "선생님이 만났던 고2 학생이 있었는데 오히려 너랑 정반대였어. 그 친구는 중학교 때부터 직업을 정하고 나름 열심히 노력했는데 고3이 되려는 시점에 자기가 정했던 길을 다시 생각해보니 자기가 원하는 길이 아니라는 걸 알았대. 오히려 모든 가능성을 열어놓고 다양한 길을 고민한 친구들이 부러워 보인다고도 했어. 어느 쪽이 옳은 걸까? 어느 한쪽만 옳다고 말할 수 없겠지? 중요한 건 오늘 선생님 수업을 듣고 지금부터라도 진로에 대해 고민하고 싶다는 마음을 갖게 됐다는 거야. 자기만의 속도와 스타일로 오늘부터 진로에 대해 고민하고 준비하면 돼. 결코 늦지 않았어."

✔ 상담 Key point

☐ 학생들이 갖고 있는 관점을 파악하기!

☐ 관점이 감정을 불러일으킨다는 것 참고하기!

☐ 희망 직업을 일찍 정하는 것이 좋다는 관점에 대해 다시 생각해보기!

4 주제와 관련된 사례

① **영화감독 봉준호**

2020년 2월 9일, 제92회 미국 아카데미 시상식에서 영화 〈기생충〉이 작품상을 비롯한 네 개 부문에서 수상한 순간을 기억하나요? 〈기생충〉은 한국 영화 역사뿐만 아니라 92년 아카데미상 역사도 새로 썼습니다. 〈기생충〉은 아카데미 역사에서 작품상을 수상한 최초의 비영어권 작품으로 기록되었고 이러한 역사적인 순간의 중심에는 봉준호 감독이 있었습니다. 아카데미 시상식에서 네 개 부문의 수상과 봉준호 감독의 감동적인 수상소감은 코로나로 지쳐있던 국민들에게 기쁨과 감동을 전하였습니다.

대중에게 감동을, 영화인들에게는 영감을 주는 감독 봉준호. 그는 예술가 집안에서 태어나 어렸을 때부터 다양한 문화를 접했다고 합니다. 처음 동물 다큐멘터리 영화를 보고 놀랐고, 사운드 오브 뮤직을 보고 관객을 숨죽이게 하는 영화의 힘을 경험하였다고 합니다. 학창 시절부터 영화제작에 관심이 있었던 봉준호 감독은 고등학생 때 일주일에 세 번씩 진행되는 군사교육이 힘들어서 친구들과 함께 군사교육에 대한 풍자와 비판을 담은 신문을 제작했습니다. 물론 선생님께 혼이 났지만 재능을 인정받았다고 합니다.

연세대 사회학과에 진학하여 사회구조와 문제점을 공부하면서 대중들이 공감할 수 있는 영화를 제작하고 싶다는 꿈을 키웁니다. 많은 영화를 보면서 공부했으며, 사회 운동에 관심을 가지면서 집회와 시위에 참여하다가 한 달간 옥살이를 한 적도 있습니다. 그때 구치소에서 만난 다양한 사람들로 인해 세상을 보는 관점이 바뀌었다고 합니다.

다양한 관점으로 세상을 바라보고 타인의 관점을 존중하는 봉준호 감독. 그가 세상에 대한 관심과 타인의 관점을 존중하는 태도로 영화를 제작하였기에 대중들에게 지지를 받는 스타 감독이 되었으며, 또한 사회문제를 새로운 시각으로 풀어내었기에 평단의 찬사를 받는 예술가로 인정받았습니다.

봉준호 감독 작품의 큰 특징은 한 작품 안에 여러 장르가 섞여 있다는 점과 장르의 클리셰(판에 박은 듯한 문구 또는 진부한 표현을 가리키는 문학 용어)에 갇혀 있지 않아서 사회문제에 대한 견해와 비판이 자연스럽게 녹아 있다는 점입니다. 이렇게 다양한 관점으로 바라보고 새로운 방법으로 도전하였기 때문에 자신만의 색을 찾을 수 있었던 것입니다.

관점이 삶에 미치는 영향은 이렇듯 매우 큽니다. 또한 관점의 전환은 봉준호 감독이 대중성과 독창성을 겸비한 한국 영화의 아이콘이자 예술성과 오락성을 모두 가진 세계적 거장으로 발돋움하는 데 있어서 큰 발판이 되었을 것입니다.

② 권태용 강사의 컬링 이야기

여러분은 '컬링' 하면 어떤 이미지가 떠오르나요? 아마 '영미!'라는 외침을 많이 떠올릴 겁니다. 평창 올림픽 후에 컬링에 대해 사람들이 많이 알게 되었는데 제가 처음 운동을 시작한 2010년에는 컬링을 한다고 하면 어떤 종목인지 모르는 경우가 대다수였고 아는 사람들은 '아! 빗자루로 청소하는 운동' 정도의 반응을 보였습니다.

제가 이렇게 생소한 종목인 컬링을 시작하게 된 계기는 동생의 다른 관점 때문이었습니다. 2010년 올림픽 기간 중 우연히 컬링을 보게 되었는데 경기를 보는 동안은 그저 '신기한 종목이다'라는 생각이었습니다. 그런데 우승팀 소개를 들으며 깜짝 놀랐습니다. 그 이유는 바로 우승팀 주장의 나이가 45세라는 사실 때문이었습니다. 놀라서 "와! 저 나이에 대단하다"라고 했더니 옆에서 같이 보던 동생이 "오빠도 한번 해보면 어때?"라고 얘기를 했습니다.

그래서 제가 "내가 이 나이에 무슨 운동이야"라고 말을 하자 동생이 "저 선수가 오빠보다 나이 더 많은데?"라고 하는 것이었습니다. 잠시 '아, 그렇네'라는 생각이 들었지만, 동생에게 "저 선수야 어릴 때부터 해 온 것이고 난 지금 시작하기는 늦었지"라고 하였습니다. 그러자 동생이 "오빠, 꼭 선수가 되어야 해? 그냥 운동을 즐기면 되잖아"라고 말했습니다. 저는 그 말에 많은 생각이 들었습니다. 전 어릴 때부터 운동을 좋아해서 운동을 해보고자 하는 마음이 있었는데 제가 이런 얘기를 하면 대부분의 사람들이 "그냥 공부 열심히 해"라고 하였습니다. 제가 체격이 작고 운동에 어울리는 이미지가 아니어서, 사람들이 하는 말들로 인해 스스로 '난 운동이 어울리지 않아'라고 생각을 해왔던 것입니다. 그런데 동생의 이야기를 들으며 그냥 운동을 즐길 수도 있는 것인데 스스로 제한된 관점으로 나를 가두었다는 생각이 들었고 이번에 한 번 극복해보자는 생각으로 컬링을 시작하게 되었습니다.

처음에는 어려운 점이 많았습니다. 우선 그 당시 컬링 동호회가 전국에 하나밖에 없었고 인원수도 적어서 제대로 된 게임도 하기 어려운 형편이었습니다. 그리고 선수들이 먼저 스케줄을 잡고 남은 시간에 운동을 할 수 밖에 없어서 평일 새벽에 운동 후 바로 출근을 하기도 하였고 일요일 밤에 무거운 몸을 이끌고 운동을 하러 가기도 하였습니다.

운동을 하기에 어려운 점이 많았지만 운동을 할 수 있다는 자체가 즐거워서 힘들다기보다는 즐기는 마음으로 1년간 열심히 운동하였습니다. 이렇게 열심히 하자 처음에는 동호회로만 보던 선수들이 저희를 인정해주었고 선수 등록하는 것을 도와주어서 지금까지 선수로 활동하고 있습니다.

여기서 여러분께 말하고 싶은 것은 관점에 제한을 두지 말라는 것입니다. 혹시 원하는 것이 있는데 '내 능력으로는 이룰 수 없을 거야'라는 생각을 한 적이 있나요? 제한된 관점으로 생각을 하는 순간 시작도 못 해보고 끝나게 될 수도 있습니다. 물론 이 말을 들으며 '그래도 능력이 안 되면 할 수 없을 거야'라는 생각을 하는 친구도 있을 것입니다. 물론 원하는 것을 이루기 위해서는 그에 맞는 능력을 갖춰야 하는 것이 사실입니다. 하지만 여기서 중요하게 생각해야 하는 것은 관점에 따라 여러분의 모습이 다양하게 발현될 수 있다는 것입니다. 저는 운동에 어울리지 않아 보이는 사람이었지만 저에게도 맞는 운동이 있었습니다. 그리고 제가 운동을 하면서 느낀 것은 운동을 좋아하는 사람이 할 수 있는 스포츠 관련 직업이 선수 말고도 많다는 것이었습니다.

스포츠 경기가 진행되려면 선수 외에도 코치, 심판, 경기 운영진, 해설자, 분석가 등 많은 사람들이 필요하다는 것을 알게 되었고 그중 분석가에 관심이 생겨 현재 스포츠 분석 관련 유튜브 채널을 준비하고 있습니다. 제가 선수가 된 것이 서른이 넘어서이고 분석가를 준비하는 지금 마흔이 넘은 나이입니다. 여러분은 저보다 훨씬 더 많은 시간과 가능성을 가지고 있습니다. 다른 관점으로 바라볼 때 감정과 행동에 변화가 생기고 다른 결과를 만들어 갈 수 있을 것입니다.

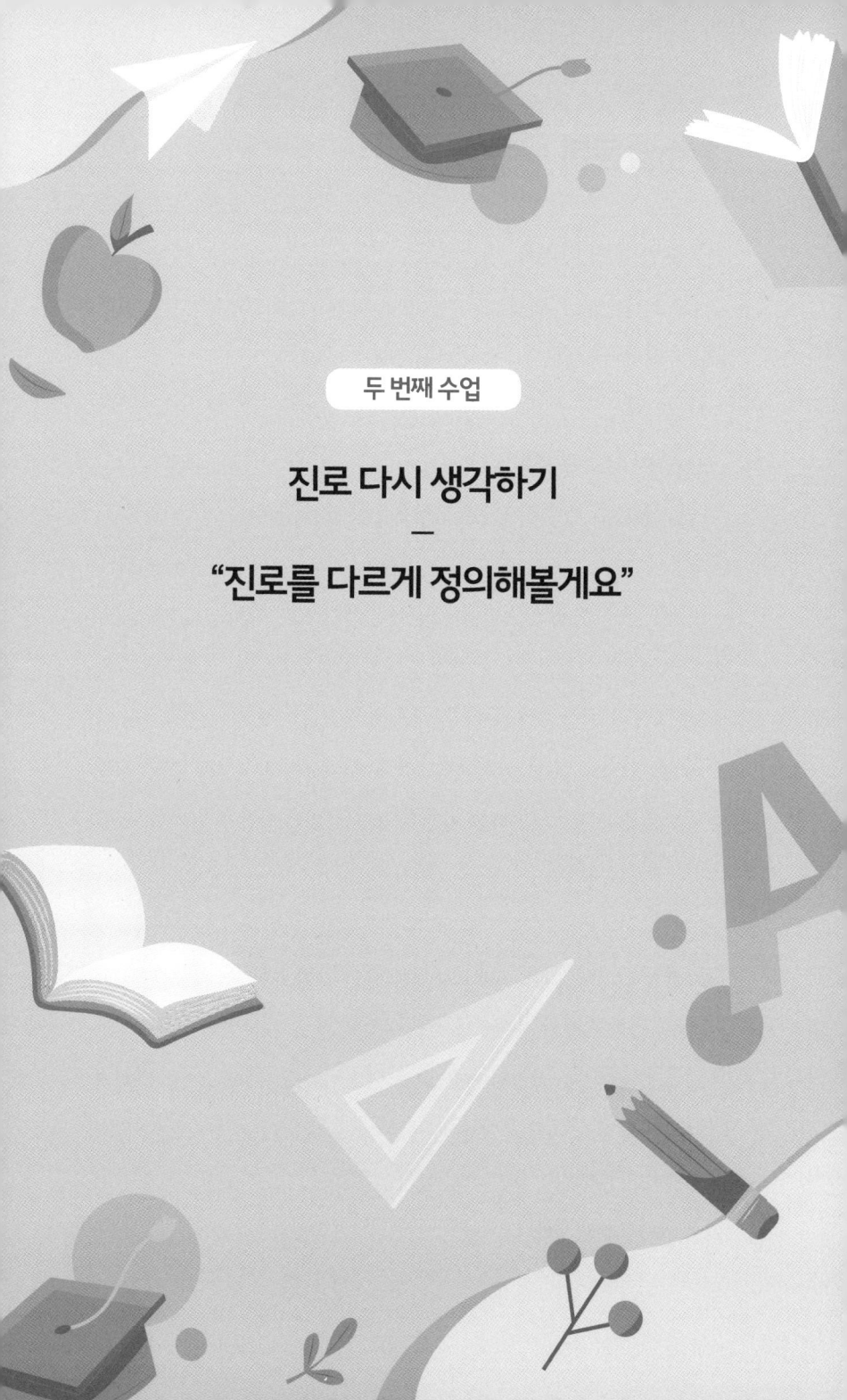

두 번째 수업

진로 다시 생각하기
—
"진로를 다르게 정의해볼게요"

1 수업 준비

① 수업 준비 회의록

"이번 회의는 진로를 새로운 관점으로 정의하기로 했죠? 먼저 준비해 온 '내가 생각하는 진로는 ○○이다'를 공유할까요?"

권태용 강사 : 진로는 블록 쌓기다

우리는 블록을 가지고 다양한 모양을 만들 수 있습니다. 청소년들도 자신의 흥미, 재능, 가치 등을 어떻게 조합해 가느냐에 따라 다양한 모습으로 미래를 만들 수 있을 것입니다. 블록을 쌓다 보면 막히는 경우도 있습니다. 그럴 때는 다른 조각을 가지고 다시 맞춰보면 처음 생각과는 다른 새로운 모양을 만들 수 있습니다. 다양한 경험을 통해 나의 블록들을 찾고 내가 만들고자 하는 결과물을 그린 후 포기하지 않고 여러 번의 시도를 통해 블록을 쌓아나간다면 자신이 꿈꾸는 멋진 작품을 만들 수 있을 것이라 생각합니다.

김대연 강사 : 진로는 나의 모습으로 만들어진 퍼즐을 맞춰가는 과정이다

수많은 경험 속에서 자신에게 맞는 조각을 찾게 되고 반복되는 과정에서 점점 선명해지는 자신의 모습을 볼 수 있습니다. 퍼즐 조각을 맞춰가는 과정이 즐겁고, 퍼즐을 맞춰갈수록 다음 조각을 더 쉽게 찾을 수 있기에 퍼즐이라 표현하고 싶습니다. 이처럼 진로는 나다움을 만들어가는 여정이라고 할 수 있습니다.

김희숙 강사 : 진로는 자기를 알아가는 여행이다

여행은 자신이 가고 싶은 목적지를 선택하고, 목적지에 도착할 때까지 생각하고 느끼고 행하는 과정입니다. 각자 목적지가 다르고 자신의 선호와 환경에 따라 우리는 그곳에 갈 수 있는 다양한 방법을 찾기도 합니다. 더불어 여행 중 새로운 여행 경로와 방법이 생길 수도 있기에, 더 효과적으로 갈 수 있는 방법도 틈틈이 찾아봐야 합니다. 여행지에 대한 정보가 많을수록 넓고 깊은 여행을 즐길 수 있듯이 진로 또한 자신과 사회에 대한 많은 정보를 가지고 있을수록 목적지를 향해 힘차고 즐겁게 나아갈 수 있습니다.

박주원 강사 : 진로는 자기 모습으로 된 퍼즐을 맞춰가는 과정이다

세상 모든 사람의 지문이 다 다르듯이, 자기에게 맞는 고유한 진로가 있기 때문에 지문과 같다고 생각합니다. 진로는 자신이 살고자 하는 삶의 방향으로 중요하게 생각하는 가치를 추구하며 비전을 세워 나아가는 참된 길이라고 할 수 있습니다.

이태화 강사 : 진로는 영화 〈매트릭스〉다

영화 〈매트릭스〉의 주인공 네오는 두 개의 알약을 선택하는 것을 시작으로 계속해서 선택을 하게 됩니다. 그리고 그의 선택은 결국 세상을 구원하기에 이릅니다. 진로도 선택의 연속입니다. 첫 번째 결정적 선택이 두 번째 결정적 선택의 순간을 만듭니다. 그리고 그 선택들이 쌓여서 자신의 운명을 결정합니다. 결국 진로는 선택의 연속입니다.

황주하 강사 : 진로란 컬렉션이다

사람들이 무언가를 수집할 때에는 아무거나 수집하지 않습니다. 각자 취향에 맞는 것을 수집하게 됩니다. 이러한 수집품들이 모여 컬렉션이 되는 것처럼 진로도 내가 관심 있어 하는 것들이 모여서 나의 삶을 이루어 가기 때문에 컬렉션이라고 정의해 보았습니다.

"'AHA 진로'에서 정의하는 진로는 '참된 나를 발견하고 행복하게 사는 삶'이에요. 진로의 나아갈 '진進'을 참 '진眞'으로 바꿔서 다시 생각해보게 한 것인데요. 물론 학생들에게는 한자를 혼동하지 않도록 잘 설명해줘야 합니다. '나아갈 길도 중요하지만 나다운 길도 중요하다'는 의미로 새롭게 정의한 거죠. 그래서 '참된 나'는 당시 프로그램을 개발했던 사람들의 많은 고민이 담긴 표현이에요. '참된 나'는 상담에서 많이 인용되는 심리학자 칼 로저스의 '있는 그대로의 자기'라는 개념이기도 하고요. '현실 자아 real self', '실제 자기 actual self'라고도 부르는 개념을 '참된 나'로 표현했어요. 학생들에게 이렇게까지 깊게 설명하지 않더라도 'AHA 진로' 프로그램을 참고해서 수업을 하는 선생님들께 꼭 말씀드리고 싶은 부분이에요."

"그 얘길 들으니까 '어센틱 Authentic (진정성, 고유함)'이라는 표현과도 연결되는 것 같아요. 저는 진로가 자기만의 고유한 길을 의미한다고 생각하거든요."

"어쩌면 두 번째 주제는 진로를 다루는 거지만 결국 'AHA 진로' 프로그램 전체를 다루는 것이기도 한 것 같아요. 그리고 진로는 단순히 직업이나 전공이라고 말하기 어렵고 자연스럽게 삶 전체를 다룰 수밖에 없으니까 두 번째 시간은 'AHA 진로' 프로그램 전체를 아우르면서 삶 전체를 조망할 수 있는 시간으로 정리되면 좋겠네요."

"수업을 준비하시는 선생님들도 각자 자기의 관점으로 진로를 정의해 보신다면 더 좋을 것 같아요."

② 수업 목표와 기대 사항

두 번째 수업의 목표는 다음과 같습니다.

- ◆ 진로에 대한 다양한 관점 소개하기
- ◆ 진로에 대해 자신이 갖고 있는 관점을 성찰하게 도와주기
- ◆ 'AHA 진로'에서 말하는 진로의 의미 전달하기

나아가 학생들이 수업을 듣고 아래와 같이 생각하거나 말한다면 수업 목표를 달성했다고 말할 수 있을 것 같습니다.

- ◆ 진로를 다양한 뜻으로 해석할 수 있구나!
- ◆ 나는 ○○(예 : 진로를 직업이나 전공으로만 생각하는) 관점을 갖고 있었구나!
- ◆ 참된 나를 발견하고 행복하게 사는 삶이 진로라고 생각하니 나도 진로를 찾고 싶다!

2 수업 진행

① 수업 대본과 진행 노하우

(과자봉지를 손에 들고) 자, 선생님이 여기 과자를 가져왔어요.

학생1 저, 주세요.
학생2 저요!

> **아하! 포인트**
>
> 실제 과자봉지를 보여주면서 수업하시는 것을 추천합니다. 실제 과자를 들고 진행하는 것과 그렇지 않은 것은 주의를 집중시키는 데 큰 차이가 있습니다.

여러분은 어떤 과자 자주 사 먹어요? 어떤 과자가 맛있나요?

학생1 꼬북칩이요~
학생2 홈런볼이 최고예요.

좋아요. 여러분이 좋아하는 과자를 상품으로 걸고 간단한 퀴즈를 해볼 거예요. 과자가 상품이니 과자 이름 맞히기로 해볼게요.

학생1 과자 이름이요?

학생2 너무 쉬운 거 아니에요?

단 과자 이름을 정확하게 맞혀야 정답으로 인정할게요. 팀원들과 잘 상의해서 적어주세요. 첫 번째 문제! 이 과자의 이름은 무엇일까요?

아하! 포인트

약 30초 정도 학생들이 충분히 이야기하며 답을 적을 수 있도록 시간을 주세요. 정답을 논의하는 시간에 적절한 배경음악을 활용하면 생동감 있는 분위기를 형성하는 데 효과적입니다.

정답은 '오징어 집'입니다. 오징어 칩, 오징어 짚, 아니고요. '오징어 집'이에요.

학생1 헐…, 오징어 칩 아니었어?

학생2 오징어집이야?

학생3 오예! 내 말이 맞지!?

지금처럼 방심하면 틀릴 수 있으니 신중하게 맞혀주세요. 두 번째 문제는 너무 쉬울 것 같은데…, 이 과자의 이름은 무엇일까요?

(30초 후) 정답은 '콘칲'입니다.

학생1 아 뭐야…, 말도 안 돼.
학생2 맞혔다!

오징어칲 때문에 콘칲이라고 쓸까 봐 걱정했는데 다행이네요. 사실 이 문제는 저도 놀랐던 문제에요. 가장 즐겨 먹는 과자 중 하나인데 콘칲이었다니, 충격이었습니다. 자 그럼 바로 다음 문제.

카라멜인가 캬라멜인가, 땅콩이 앞에 있었나 뒤에 있었나 헷갈리죠? 또 어떤 친구는 발음을 살려서 쓴다고 캐러멜이라고 적는 친구가 있는데 그건 미리 알려드릴게요. 캐러멜은 아닙니다. 자 그럼 정답 적어주세요. (30초 후) 정답은 '카라멜콘 땅콩'입니다.

학생1 아~~

학생2 선생님! 너무 어려워요.

아까 너무 쉽다고…, 알겠어요. 그럼 이번에는 제가 힌트를 좀 줄게요. 마지막 문제니까 잘 맞혀 보세요. 힌트는 앞에 '크레용', '돌아온', '못 말리는' 세 개 중에 하나의 수식어가 들어갑니다. 정답은 무엇일까요?

(30초 후) 정답은 '못 말리는 신짱'입니다. 자 여기까지!

학생1 재밌어요~ 한 번 더 해요!

학생2 생각보다 어려워요~

그렇죠? 선생님도 처음엔 많이 당황했어요. 마트나 편의점에서 한 번씩은 봤던 과자라, 익숙해서 당연히 알고 있다고 생각했는데 아니더라고요. 이렇게 우리 주변엔 내가 잘 알고 있다고 생각하지만, 관심을 기울이지 않으면 놓치는 것들이 많아요. 가족이나 친한 친구의 취향일 수도 있고, 가끔은 내가 좋아하는 건 뭐지? 나는 언제 행복하지? 이런 주제들도 그럴 수 있죠. 이번 시간엔 '진로'에 관심을 가져볼게요. 벌써 식상한가요? 재미없어 보이나요? 선생님과 함께 '진로'에 대한 새로운 관점을 만나보면 아하! 하는 순간이 올 거예요.

여러분, 선생님이 다음 화면에 '돈' 하면 연상되는 단어를 다섯 개 써놨어요. 선생님이 어떤 단어를 썼을지 맞혀 볼게요.

학생 부자

선생님 땡!

학생 신사임당

선생님 오, 정답! (반복)

이번엔 조별로 할 거예요. 조금 전에는 선생님이 쓴 단어를 맞히는 게 목표였지만, 이번엔 상대 팀이 안 썼을 것 같은 단어를 말하는 게 목표예요. 최대한 많은 단어를 쓰면 유리하겠죠? 단, 작성한 자신만의 명확한 이유가 있어야 해요. 노래 1절이 끝나기 전까지 빠르게 적어주세요!

아하! 포인트

빠르게 적는 활동이므로 신나는 음악을 틀어주면 좋습니다. 최신 가요도 좋지만 어떤 학생들은 가사가 있는 노래가 나왔을 때 노래에 집중하거나 따라 부르는 경우가 있어 활동에 방해를 받는 경우도 있습니다. 그래서 상황에 따라 신나는 분위기의 가사가 없는 음악을 사용하는 게 좋습니다.

진로

자, 제시어는 '진로'입니다. 시작!

아하! 포인트

학생들이 잘 쓰지 못할 때는 '진로'와 관련된 아주 기본적인 단어 몇 가지를 화면에 보여주는 것도 좋은 촉진 방법입니다.

자, 이제부터 다른 조에서 생각하지 못했을 것 같은 단어 세 개만 골라주세요. 시간은 지금 나오는 노래 1절이 끝날 때까지. (노래 1절이 끝나면)

다 골랐으면 1조부터 시작할게요. 누군가 외친 단어가 우리한테 있다, 그럼 최대한 얄밉게 '짜잔~'을 외쳐 주면 됩니다.

1조 연봉!
2조, 3조 아… 쓰려고 했는데!
1조 오예! 없어, 없어!

오~, 1조 운이 좋은데요. 연봉이라…, 이 친구는 아마도 진로 선택에서 연봉을 중요하게 생각하는 게 아닐까요? 혹은 다른 이유일 수도 있고요. 어떤 관점에서 해당 단어를 적었는지 궁금한 사람이 있으면 중간에 질문해도 좋아요. 이제 다음 조로 넘어가 볼게요.

자, 다음은 2조.

2조 부담!
1조 짜잔~~
2조 아! 아깝다.

1조에서도 부담이라는 단어를 적었네요. 다른 조에는 없을 것 같던 단어가 사실은 많은 친구들이 공감하는 단어기도 하네요. 맞아요. 선생님도 학창 시절 진로는 부담을 주는 단어였던 것 같아요. 다음 3조.

3조 행복!

5조 짜잔~~

1조 아! 쓰려고 했는데…

행복 역시 많은 친구들이 생각하고 있군요. 누군가는 진로와 행복을 별개로 생각하지만, 누군가는 행복과 진로를 같은 맥락으로 생각하기도 하죠. 이제는 여러분이 작성한 모든 내용을 함께 공유해보도록 할게요. 이번에는 반대로 우리 조에서 작성했던 단어를 왜 적었는지 다른 조 친구들에게 공유해 준다면 '짜잔~'에 해당하는 점수를 드릴게요.

3조 짜잔~~

아 이제는 '짜잔'은 외치지 않아도 되는데…, 그렇지만 열정적인 모습 고마워요. 어떤 내용을 쓰셨나요?

3조 '꿈'이라고 적었어요. 자신이 원하는 꿈을 이루어가는 과정이 진로라고 생각하기 때문입니다.

와! 그렇군요. 꼭 원하는 꿈을 찾아 성공적인 진로를 만들었으면 좋겠네요. 소중한 의견 정말 고마워요. 사실 진로는 지금 여러분이 이야기해 준 것처럼 정해져 있는 정답이 없어요. 꿈, 직업, 원하는 것, 돈을 버는 수단 등 우리가 생각하고 있는 모든 과정이 진로가 될 수 있어요. 누군가는 꿈을 찾는 것이 진로라고 생각할 수 있지만 그렇다고 꿈이 없는 사람은 진로도 없다고 말할 수는 없겠죠. 진로는 누군가 정의해 놓은 정답을 찾는 것이 아니라 우리가 나아가고 있는 이 모든 과정을 의미해요. 그때문에 내가 잘못하고 있는 게 아닌가 걱정하거나 조급해하지 않아도 괜찮아요. 다만 우리가 오늘 이런 시간을 갖는 것은 여러분이 좀 더 자기다운 진로를 찾아갈 수 있도록 돕기 위해서예요.

마지막으로 한 가지 활동을 더 해볼 건데요. 진로 문장 만들기입니다. 이번에는 여러분이 생각하는 진로를 문장으로 표현해 보는 거예요. 우리가 완성할 문장은 '우리가 생각하는 진로는 ○○이다'입니다. 그런데 한 가지 규칙이 있습니다. ○○에 들어갈 단어는 글자로 적을 수 없어요. 제가 여러분에게 자음과 모음이 적혀 있는 포스트잇을 줄 건데요, 이 포스트잇을 조합해서 문장을 완성하면 됩니다. 각 조에 전달되는 포스트잇은 랜덤입니다. 서로 다른 내용이 담겨있을 수 있다는 의미죠. 조를 이동하며 자유롭게 포스트잇을 교환해도 좋습니다. 단, 새로운 포스트잇을 제작하는 건 불가능하다는 점 참고해 주세요.

그럼 지금부터 전지와 포스트잇을 활용해서 여러분만의 멋진 진로 문장을 만들 텐데요, 글자 수 제한은 없으나 왜 그렇게 표현했는지에 대한 이유는 분명히 있어야 합니다. 예를 들어, 저라면 이렇게 표현할 것 같아요 '우리가 생각하는 진로는 배낭여행이다. 이유는 배낭여행처럼 힘든 경험일 수 있지만, 그 경험 속에서 삶의 의미를 찾아가기 때문이다.' 자, 그럼 지금부터 10분 동안, 최대한 여러분다운 진로를 생각해서 표현해 주세요. 시작~!

아하! 포인트

즐거운 분위기 속에서 활동할 수 있도록 음악을 틀어 주시면 좋습니다.
문장의 내용보다 단어를 만드는 데 집중하는 경우가 있습니다. 조별 진행 상황을 확인하며 어떤 진로의 의미를 표현하고 싶은지 촉진해 주시면 좋습니다.

자, 어떤 멋진 문장들이 완성됐는지 한번 살펴볼까요? (전지에 완성된 문장을 교실 앞에 붙여 놓는다) 혹시 왜 이렇게 표현했는지 이야기해줄 수 있는 사람 있을까요?

학생1 저희 조요!

주도적인 모습 너무 멋진데요? 어떻게 표현했고 왜 그렇게 표현했나요?

학생1 저희 조는 '우리가 생각하는 진로는 팔색조다'라고 표현했어요. 왜냐하면 진로에 관해 이야기 해봤는데, 다 다르더라고요. 그래서 어떻게 통일할까 생각하다가 문득 그냥 다른 모습 자체를 표현하면 되겠구나 싶어서 팔색조라고 표현했어요.

와…, 너무 멋진데요. 각자의 다른 주관을 갖고 있다는 점도 멋지고 그

부분을 발견하고 표현한 여러분이 진심으로 대단하다고 느껴집니다. 의견 나눠줘서 정말 고마워요. (추가적으로 발표를 희망하는 친구들의 의견을 들어보거나 희망자가 없을 시 조별로 질문을 통해 내용을 확인하면 좋습니다)

 짧은 시간 동안 멋진 문장을 만들어 줬는데요, 오늘 우리가 함께 배우고 있는 'AHA 진로'에서는 진로를 이렇게 생각하고 있어요. '참된 나를 발견하고 행복하게 사는 삶' 누군가가 정의 내리는 각본대로 사는 삶이 아닌 정말 나답게 살 수 있는 삶이 'AHA 진로'에서 말하는 진로의 뜻이에요.

 여러분들의 표현 속에도 자신의 생각과 모습이 담겨 있었는데요. 앞으로 함께 할 수업에서는 좀 더 여러분다운 모습을 찾아갈 수 있는 여러 가지 신호들에 대해서도 배워볼 겁니다. 그리고 저도 최선을 다해 남은 시간 동안 여러분다운 모습을 찾아갈 수 있도록 도울 것을 약속할게요. 함께 나다운 모습을 찾아봐요!

② 다양한 전달 방법들

● **진로에 대한 마인드맵 그리기**

 '진로'하면 떠오르는 것에 대해서 마인드맵을 그려보게 합니다. 상황에 따라서 조별로 하거나 혼자서 하게 할 수도 있으며 전지, A4 용지 등을 사용해서 작업해봅니다. 이를 통해 진로에 대한 학생들의 다양한 생각을 확인할 수 있습니다. 이 내용을 함께 종합하면서 오프닝을 해도 좋고, 진로에 대해 전달하고자 하는 정의와 의미, 메시지를 설명하는 본론 부분에서 이 활동을 활용할 수도 있습니다.

● '진진가'를 활용해서 나의 특별한 경험 공유하기

진진가는 '진짜 진짜 가짜'의 줄임말입니다. 학생들에게 한 장의 종이를 준비하게 하거나, 손바닥 정도 크기의 큰 포스트잇을 두 장씩 나누어줍니다. 포스트잇 한 장에 1, 2, 3번을 쓰게 하고 그동안 자신이 했던 특별한 경험 세 가지를 적게 합니다. 이때 두 가지는 진짜, 한 가지는 가짜를 쓰게 합니다. 다른 한 장의 포스트잇에는 자신을 제외한 조원들의 이름을 적게 합니다. 한 명씩 자신이 만든 진진가를 읽으면 다른 조원들은 가짜라고 생각하는 번호를 조원의 이름 옆에 적어둡니다. 모든 조원이 돌아가며 공유한 후에 이제 정답을 돌아가며 발표하고 왜 그 번호가 가짜인지에 대해서 말합니다. 그리고 진짜인 것은 어떤 경험이었는지 구체적으로 이야기하도록 합니다.

이 과정을 통해 자연스럽게 그동안 자기가 했던 특별한 경험을 나누고, 다른 조원들의 이야기를 들으면서 다양한 아이디어를 얻을 수 있습니다. 또, 새롭게 해보고 싶은 것에 대한 동기부여를 얻을 수도 있습니다. 살아가면서 하게 되는 다양한 경험들이 내가 진정으로 원하는 진로를 찾을 때 중요한 요소가 될 수 있을 뿐 아니라 진로 그 자체가 될 수도 있다는 것을 이 활동을 통해 전달할 수 있습니다.

진진가는 강의 중에 다양하게 활용할 수 있는데, 수업 오프닝에서 활용하는 자세한 방법은 여덟 번째 수업의 '수업 대본과 진행 노하우의 오프닝' 내용에서 확인할 수 있습니다.

포스트잇 예시(한 조에 학생 6명일 경우)

(학생1 작성)
1. 나는 교내 글짓기대회에서 금상을 탄 적이 있다.
2. 나는 슈퍼스타K 본선에 나갔었다.
3. 나는 과학실험을 하는 유튜브 채널을 운영하고 있다.

(학생1 작성)
학생2 이름: (가짜라고 생각하는 번호)
학생3 이름: (가짜라고 생각하는 번호)
학생4 이름: (가짜라고 생각하는 번호)
학생5 이름: (가짜라고 생각하는 번호)
학생6 이름: (가짜라고 생각하는 번호)

③ 알아두면 쓸 데 있는 이론과 개념

● **진로 성숙**

'진로 성숙career maturity'이란 진로 발달을 포괄하는 의미로 사용되는 개념입니다. 상담심리학자 도널드 슈퍼는 진로가 '성장기growth stage', '탐색기exploration stage', '확립기establishment stage', '유지기maintenance stage', '쇠퇴기decline stage'의 다섯 단계를 거치며 전 생애에 걸쳐 발달한다고 보았습니다. 말 그대로 진로와 관련해서 얼마나 성숙한가를 단계별로 설명한 것입니다.

진로 성숙은 진로의 계획, 직업탐색, 의사결정, 직업 세계에 대한 지식, 선호하는 직업군에 대한 지식 등으로 살펴볼 수 있습니다. 슈퍼의 이론을 바탕으로 크라이티스는 진로 성숙도 검사를 개발하기도 했습니다. 우리가 만나는 학생들의 진로 성숙도는 매우 다양할 수 있습니다. 진로 성숙도가 낮은 상황에서 조급하게 직업을 결정하기보다 자기 탐색부터 시작할 수 있게 도와주면 좋겠습니다.

● 진로 탄력성

'진로 탄력성career resilience'이란 개인이 진로와 관련된 목표를 달성하는 과정에서 예기치 않은 어려운 상황이 발생할 때, 자신에 대한 확신을 가지고 미래의 진로 목표 성취를 위해 꾸준히 학습하고 자기 향상을 위해 노력을 지속하며, 적극적인 자신의 진로 관리를 해 나가는 능력을 의미합니다.[2] 변화가 일상이 되고 있는 현대 사회와 급변하는 미래 환경에서는 진로 탄력성이 강조될 수밖에 없습니다. 진로에 대해서 고민하고, 진로를 선택하기 위해서 실행하는 과정에서 누구나 진로 장벽을 경험할 수 있습니다. 이때 진로가 어느 특정 순간에 완료형으로 확정되는 것이 아니라 평생에 걸쳐 진행형으로 결정된다는 관점을 갖는다면 진로 탄력성을 발휘하는 데도 도움이 될 수 있습니다.

● 계획된 우연 이론

'계획된 우연 이론planned happenstance theory'은 행동심리학자 존 크럼볼츠가 '진로 선택 이론'에서 주장한 개념입니다. 우연과 계획은 언뜻 보면 거리가 먼 개념입니다. 그러나 우리가 미래에 맞이하게 될 우연은 현재의

---

[2] Rickwood, R. R., & Roberts, J. (2002), 〈Empowering high – risk clients : Exploringa career resiliency model〉, Paper presented at the National Consultation onCareer Development Conference, Ottawa, ON.

선택으로 계획될 수 있습니다. 이것은 현재의 선택으로 미래를 바꿀 수 있다는 관점입니다. 이때 우연적 사건을 기회로 만들기 위해서는 우연을 의미 있는 경험으로 만드는 '계획된 우연 기술'이 필요합니다. 존 크럼볼츠는 계획된 우연 기술이 긍정적이고 적극적인 행동 양식으로서 자신의 경험에서 발생하는 우연의 사건을 진로 발달의 기회로 사용하는 학습기술이라고 했습니다. 반가운 것은 이 기술이 개인의 노력으로 개발이 가능하다는 것입니다.

3 진로 상담 Tip

"선생님 저도 이제 진로를 정하고 싶은 마음이 생겼는데 이제 어떻게 하면 되죠?"

제 발로 찾아와서 고민을 얘기하는 학생이 반가운 나머지 "그럼 좋아하는 일이 뭐야? 잘하는 일은? 좋아하고 잘하는 일도 중요하지만 요즘엔 돈 잘 버는 일도 중요하지. 어쩌고저쩌고…" 이런 얘기부터 튀어나올 것 같다면 진심으로 말리고 싶습니다. 수업 내용과 연결하기도 쉽지않고, 학생이 진로에 대해 어떤 관점을 가지고 있는지 파악할 필요도 있기 때문입니다. 진로 수업을 '관점'이라는 주제로 시작한 이유도 여기 있습니다. 관점은 단지 부정적 관점, 긍정적 관점으로만 적용되는 것이 아니라 다른 주제에도 모두 적용됩니다. 예를 들어 진로라는 주제에 관점을 적용해보면, 진로를 바라보는 방식, 진로를 대하는 태도, 진로에 관한 생각이 될 수 있습니다. 학생들이 찾고자 하는 진로는 과연 무엇일까요? 수업 내용이 잘 전달되어 모든 학생이 교사의 의도를 이해하면 좋겠지만, 그러기는 쉽지 않습니다. 그래서 대화를 통해 학생들이 진로에 관해 어떤 관점과 신념[3]을 갖고 있는지 알아봐야 합니다. 이렇게 대화를 이어가보는 건 어떨까요?

---

3 〈진로 결정에 있어서 계획된 우연의 영향력 : 진로 신념의 매개효과〉 박근영, 광운대학교 상담복지정책대학원, 2015, 국내 석사 논문

> **공감하기**
>
> "진로를 정하고 싶다는 마음이 들었구나. 축하해! 스스로 뭔가 정하고 싶다는 마음이 생겼다는 건 축하할 일이지. 이렇게 선생님을 찾아온 것도 용기 있는 행동이고, 선생님을 믿고 찾아와줘서 고맙다.
>
> **확인하기**
>
> 그러면 정하고 싶다는 '진로'라는 게 구체적으로 뭔지 이야기해볼까?

인문계, 자연계 같은 큰 갈림길 얘기일 수도 있고, 어떤 직업을 가지느냐에 대한 것일 수도 있습니다. 이때 우리가 다시 살펴보자고 한 진로의 의미를 되새겨 보면 좋겠습니다.

> **질문하기 또는 정보 공유하기**
>
> "선생님이 수업 중에 진로를 다르게 생각해보자고 했던 것 기억나지? 원래 한자를 그대로 풀이하면 '나아갈 길'이라는 뜻이지만 수업 중에 '참된 나를 발견하고 행복하게 사는 길'이라고 했으니 그렇게 생각해보면 좋겠다. 진로를 찾고 싶다면 먼저 '참된 나'를 발견해야 하니까. 그런데 표현이 조금 어렵거나 구체적이지 않을 수도 있을 것 같아서 선생님이 다음 시간부터는 '참된 나'를 발견하는 방법에 대해서 게임도 해보고, 다양한 활동으로 도와줄 거야. 미리 조금만 이야기하자면, 너는 스스로 어떤 사람이라고 생각해?"

가장 많이 들었던 답은 "잘 모르겠어요", "글쎄요"였습니다. 구체적으로 어떤 사람인지 술술 말하는 학생이 있다면 정말 대단한 일입니다. '참된 나'를 발견한다는 것은 자신이 어떤 사람인지 스스로 생각해보고, 또 남들은 자기를 어떤 사람으로 보는지 살펴보는 것입니다. '내가 생각하는 나'와 '남들이 생각하는 나'를 함께 고려하면서 '나는 어떤 사람인가?'라는 질문에 답을 찾는 과정입니다. 따라서 완전한 답이 바로 나올 수도 없고 오랜 시간 고민해야 하는 일입니다. 진로는 언제든 바뀔 수 있습니다. 즉, 참된 나를 발견하고 행복하게 사는 삶은 언제든 바뀔 수 있습니다. 그러니 당연히 직업도 바뀔 수 있습니다. 이미 평생 하나의 직업만 경험하는 시대는 끝났다는 주장이 지배적입니다. 학생들이 찾고 싶다는 진로를 완료형으로 찾아주려고 하기보다 진행형으로 고민하게 도와주기를 추천해 드립니다.

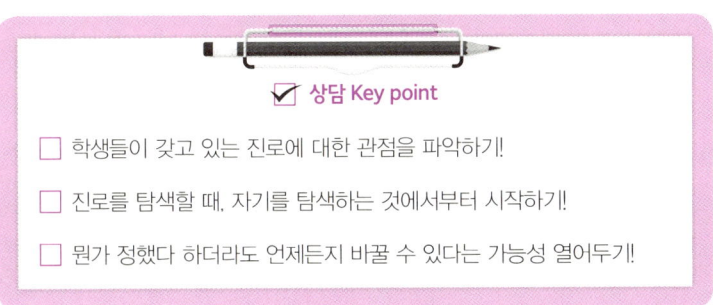

☑ 상담 Key point
☐ 학생들이 갖고 있는 진로에 대한 관점을 파악하기!
☐ 진로를 탐색할 때, 자기를 탐색하는 것에서부터 시작하기!
☐ 뭔가 정했다 하더라도 언제든지 바꿀 수 있다는 가능성 열어두기!

4 주제와 관련된 사례

① **드라마 작가 김은희**

요즘 대한민국에서 가장 잘나가는 드라마 작가 중 한 명인 김은희 작가. 현재 최고의 명성을 얻고 있는 김은희 작가가 처음부터 드라마 작가로 시작한 것은 아닙니다. 예능 작가로 시작한 그녀는, 결혼 후 남편인 장항준 감독을 돕는 조수 일을 하였습니다. 장항준 감독이 종이에 쓴 시나리오를 컴퓨터 워드로 옮기면서 점점 시나리오 작업에 흥미를 갖기 시작하였습니다.

김은희 작가의 데뷔작은 멜로물인 영화 〈그해 여름〉이었지만 작업을 하면서 자신은 멜로물에 맞지 않는다는 것을 깨닫게 되었습니다. 그 후 다른 분야 작업을 하던 중 〈위기일발 풍년빌라〉라는 드라마로 데뷔하게 됩니다. 〈위기일발 풍년빌라〉를 집필하는 동안 작품의 감독, 시청자뿐만 아니라 감수를 해줬던 자신의 남편에게도 긍정적 피드백을 받지 못하였으며, 스스로 되돌아보았을 때 형편없다고 느껴서 작가로서 좌절을 느꼈다고 합니다. 다음으로 시도한 작품인 〈싸인〉은 그 당시에 익숙하지 않은 장르에 신인 작가의 작품이어서 주위에서 염려와 걱정이 많았지만 다른 작품이 제작 중단되면서 편성 공백이 생겨 방영할 수 있게 되었습니다. 다행히 유명 배우인 박신양이 출연하게 되면서 작품은 관심을 끌게 되었고 탄탄한 스토리로 흥행에 성공하였습니다.

이후 〈유령〉, 〈쓰리 데이즈〉, 〈시그널〉 등 한국에서는 보기 어려운 장르의 작품을 집필하면서 그녀만의 독특한 세계를 펼쳐가고 있습니다. 미제 사건을 다룬 드라마 〈시그널〉은 높은 시청률을 기록하며 큰 사랑을 받았고, 넷플릭스에서 제작한 〈킹덤〉은 조선 시대를 배경으로 한 좀비 스릴러라는 독특한 소재로 국내에서뿐만 아니라 해외에서도 큰 인기를 얻었습니다.

그녀가 한국 드라마에서 보기 힘든 장르물을 집필하고 대중들의 사랑을 받을 수 있었던 것은 다양한 장르에 도전하여 자신의 강점이 드러날 수 있는 분야를 찾았으며, 어려운 상황에도 흔들리지 않고 자신이 좋아하는 일을 묵묵히 해 나갔기 때문일 것입니다. 즉 다양한 도전을 통해 자신의 길을 찾고, 자신이 좋아하는 일을 꾸준히 하였기에 자신의 강점이 빛나는 작품을 집필할 수 있었던 것입니다.

드라마 작가로서 성공한 이후에도 예전과 같은 작업실에서 매일 글을 쓴다는 김은희 작가는 이렇게 말합니다.

"내가 좋아하는 이야기가 어떠한 장르로 특정될 수는 없다. 남들이 가야만 한다고 말하는 이정표를 쫓지 않았으면 한다."

참된 나를 발견하기 위한 김은희 작가의 다양한 도전은 남들과 똑같지 않은 나만의 길을 찾고자 한 노력으로 이어졌고, 좋아하는 일을 하며 살아가는 행복한 삶의 좋은 본보기가 되었습니다.

② 김희숙 강사의 수첩 이야기

저는 고등학교 2학년 때까지 꿈이 없었습니다. 정확하게 표현하자면 그 때는 꿈이 없는지도 몰랐습니다. 지금 생각해보면 진로에 대해 진지하게 생각해본 적이 없었던 것 같습니다. 그 당시의 저를 비롯하여 많은 사람들은 '꿈'을 미래의 '직업'으로 생각합니다. "넌 꿈이 뭐니?"라는 질문을 "너는 성인이 되어 어떤 직업을 갖고 싶니?"라고 해석하였기 때문에 전 많은 사람들이 선망하는 직업을 말하였습니다. 아나운서, 선생님 등을 이야기하며 그 당시 인기 있는 직업 중 하나를 제가 어른이 되면 하고 있을 거라 생각했습니다. 그래서 직업의 인기에 따라 저의 진로도 바뀌었습니다. 내가 어떤 사람인지, 나는 어떤 사람으로 살고 싶은지, 소중한 것은 무엇인지, 무엇을 좋아하고 잘하는지 등을 깊게 생각 해본 적이 없었습니다.

고등학교 2학년, 스스로 착실하게 학교생활을 하고 있다고 생각한 저에게 상상도 해본 적이 없는 사건이 벌어졌습니다. 2학년 1학기 기말고사부터 시험에 대한 두려움이 커져 시험을 볼 수 없는 상황이 되어버린 것이죠. 2학년 첫 시험에 처음으로 1등을 하게 되었고, 우연히 제 성적을 친구들이 알게 되면서 그때부터 '친구들이 내 성적을 알았는데 성적이 떨어지면 어떡하지?', '이번에 내가 원하는 성적이 나오지 않으면 어떡하지?'라는 불안과 걱정이 커지면서 그 상황에서 도망가고 싶었습니다. 내 마음을 인지하고 이해한 후 내 꿈을 위해 주도적으로 노력하는 것이 아니라 그저 그 상황을 피해 도망을 가고 싶을 뿐이었습니다. 그래서 결국 시험 기간에 학교에 가지 않았습니다. 전 그때 꿈은 없고 오직 성적과 대학입시에 관한 목표만 있었기 때문에 내 인생은 이제 끝났다고 생각했으며 좌절감에서 벗어나지 못하고 있었습니다.

혼자 방에서 '이제 어떻게 살아야 하나' 하며 울고 있던 어느 날 전 책상에 앉아 학교 수첩을 아무 생각 없이 넘기기 시작했고 수첩 뒷부분에 있는 청소년 상담소 전화번호들을 보았습니다. 그중 한 곳으로 전화를 하여 전화 연결이 되자마자 전 울면서 말을 하기 시작했습니다. 제 말이 끝나자마자 상담 선생님께서는 "정말 많이 힘들겠다"라고 따뜻하게 대답해주셨고 전 그 짧은 말씀에 큰 위로를 받았습니다. 그리고 상담 선생님과 전화 상담을 하면서 내가 정말 힘들었던 것들과 왜 힘든지를 알게 되었습니다.

그때부터 전 제가 무엇을 할 때 행복한지 생각하기 시작했습니다. 그전까지 '나는 어떤 사람으로 살고 싶은가?'에 대한 고민을 하지 않고 어쩌면 타인의 기대에 부응하는 삶을 살고 싶었던 저는 처음으로 저에 대해 진지하고 정직하게 성찰하기 시작했습니다. 'AHA 진로'에서 이야기하는 '진로의 정의'처럼, 직업뿐만 아니라 내가 진심으로 나아가고 싶은 방향은 어디인지 고민을 하였습니다. 그 과정을 통해 전 저의 길을 찾았고, 그 길을 걷고 싶은 마음에 하루하루 열심히 살아갈 힘을 다시 충전할 수 있었습니다. 그리고 제 삶에 집중할 수 있었으며, 수능이 끝난 후 대학진학을 할 때도 자신 있게 선택할 수 있었습니다. 물론 시간이 흘러감에 따라 제가 원하는 삶이 조금씩 달라질 수도 있고, 나아갈 때의 방법이 달라질 수도 있겠지만 저의 길을 찾아가는 과정을 매우 소중하게 생각하고 그 과정을 즐기고 있습니다. 지금 이 순간 여러분이 꿈이 있고 없고보다, 여러분의 진로를 찾아가는 과정이 정말 중요합니다. 나아갈 길을 알려줄 뿐만 아니라, 삶이 흔들리거나 길을 잃었을 때 여러분의 한걸음이 어디로 향해야 할지 알려주는 것이 진로이기 때문입니다.

세 번째 수업

자기 이해 돕기

―

"내면을 볼 수 있는 거울을 비춰주세요"

1 수업 준비

① 수업 준비 회의록

"세 번째 수업도 첫 번째 수업 '관점'과 연결돼요. '나Self'를 주제로 내가 나를 바라보는 방식을 다루는 시간인데요. 지난 수업 때 다른 관점으로 생각해봤던 진로의 정의 중에 '참된 나'에 대해서 생각해보는 기회이기도 해요. 궁극적으로는 자기 탐색과 자기 발견의 과정을 통해서 '자기다운 진로'를 찾으면 좋겠다는 마음으로 만들었어요."

"그런데 자신을 바라보는 방식에 대해서 학생들이 잘 이해할 수 있도록 하는 게 참 어려운 것 같아요. 청소년들한테 자기를 바라보는 방식에 대해 물어보면 답을 잘 못 하는 경우가 많았어요. 어른들도 자신을 어떤 사람으로 보는지 답하기가 어렵잖아요. 다른 분들은 어떠세요?"

"맞아요. 저희가 지난 시간에 이야기 나누면서 이번 기회에 각자 자신에 대한 관점도 다시 생각해보자고 했었는데 막상 표현하려고 하면 어색하기도 하고 어렵더라고요."

"저도 오랜만에 저에 대한 관점을 다시 생각해봐서 좋긴 했는데, 쉬운 건 아닌 것 같아요. 생각도 많이 하게 되는 것 같고요. 그런데도 한번 답해보라고 한다면, 저는 자유로운 삶을 추구하는 사람이란 생각이 들어요. 그리고 해봐야 안다고 생각하는 사람이라고 말할 수도 있을 것 같아요."

"저도 좀 부끄럽지만… 자신을 사랑하고, 사랑하려고 노력하고, 사람들을 사랑하는 사람인 것 같아요. 그래서 소중한 사람들과 함께 있을 때, 강의하면서 학생들을 만날 때 에너지가 충전되고 즐거운 것 같아요."

"저도 비슷한 것 같은데요. 저는 기쁨을 중요하게 여기는 사람인 것 같아요. 더 즐겁게 살 수 있는 방법은 무엇일까 생각하고, 다른 사람의 행복을 위해 할 수 있는 것은 무엇일까 고민하며 살아가는 사람이에요."

"저는 사람 간의 관계를 중요시하는 사람이라고 생각해요. 그래서 좋은 관계를 유지하기 위해 주로 배려하는 편이고, 예의를 지키려고 노력하게 되고요. 아무래도 저의 이런 모습이 강의할 때도 드러나는 것 같아요."

"말씀을 듣다 보니 정말 생각하는 모습대로 강의를 하시는 것 같아서 재밌네요."

"이렇게 관점이 행동에 영향을 미친다는 것이 설명되는 건가요?"

"그러네요. 그렇게 연결되네요."

"대부분 긍정적인 내용만 나와서 어떨지 모르겠는데요, 저는 계산적이고 효율을 중시하는 사람이라고 생각하거든요. 그리고 사람을 잘 믿지 않는 사람이기도 해요."

"솔직하네요. 그렇게 객관적으로 자신을 보고 있다는 생각도 들어요."

"각자 자신에 대해서 어떤 생각을 갖고 있는지 들으니 굉장히 재미있네요. 솔직하게 자신을 보려고 하는 모습들도 인상적이고요. 이 책을 보시는 선생님들은 자신을 어떤 관점으로 볼지 갑자기 궁금해졌어요. 잠깐이나마 '나는 어떤 선생님일까?', '나는 어떤 사람일까?'에 대한 생각을 정리할 수 있는 기회가 되면 좋겠어요."

② 수업 목표와 기대 사항

세 번째 수업의 목표는 다음과 같습니다.

- ◆ 자신에 대한 관점을 성찰하게 도와주기
- ◆ 자신에 대한 관점이 자신의 감정과 행동에 영향을 미친다는 것을 알려주기
- ◆ 자신을 잘 이해하기 위한 활동을 경험하게 하기

나아가 학생들이 수업을 듣고 아래와 같이 생각한다면 수업 목표를 달성했다고 말할 수 있을 것 같습니다.

- ◆ 내가 나에 대해서 이런 관점을 가지고 있었구나!
- ◆ 내가 나를 어떤 사람으로 보느냐에 따라 나의 감정과 행동이 달라지는구나!
- ◆ 내가 어떤 사람인지 더 생각해 봐야겠다!

2 수업 진행

① 수업 대본과 진행 노하우

오늘은 브랜드 퀴즈로 시작해 볼게요. 팀플레이고요, 한 명당 제한 시간은 5초입니다. 팀 구호를 외치고 주제별 브랜드를 모두가 정확하게 말하면 성공입니다. 예를 들어 스포츠 의류 브랜드는 어떤 게 있을까요?

학생1 나이키요~

학생2 아디다스요~

학생3 노스페이스요!

맞아요. 지금처럼 주제에 해당하는 브랜드를 말하면 됩니다. 간단하죠? 준비된 팀은 팀 구호를 외치고 도전하면 돼요. 단 실패 시 바로 다른 팀에게 기회가 넘어가니 신중하게 도전하세요.

아하! 포인트

게임을 설명하는 것이 어렵다면 동영상을 보여주는 것도 좋습니다. 예능 프로그램 영상 등을 활용해서 보다 쉽고, 재미있게 이해를 도울 수 있습니다.

〈문제 1〉 주제는 치킨 브랜드입니다. 시작!

1조 학생1 BBQ 치킨, **학생2** 컬투치킨, **학생3** … 양념치킨?

1조 학생들 아… 야! 장난하냐. 양념치킨이 무슨 브랜드야!

2조 학생1 BBQ 치킨, **학생2** 컬투치킨, **학생3** 페리카나 치킨,

학생4 프라닭, **학생5** 노랑통닭

오! 첫 번째 주제는 2조의 승리네요. 1조의 양념치킨도 너무 인상적이었습니다. 진짜 여러분 말처럼 치킨 이야기하니까 너무 먹고 싶어지는 것 같아요. 그럼 다음 주제로 넘어가 볼까요? 이번에는 브랜드 말고 종류 말하기! 규칙은 똑같아요. 주제에 해당하는 이름을 말하면 성공입니다.

〈문제 2〉 과일 이름 말하기. 시작!

1조 학생1 귤, **학생2** 수박, **학생3** 참외,

학생4 딸기, **학생5** 아…내가 딸기…

땡! 아이고 아까워라

2조 학생1 귤, **학생2** 수박, **학생3** 포도, **학생4** 멜론, **학생5** 딸기! 오예~!

딩동댕~! 2조 성공. 바로 다음 문제 갑니다.

떡볶이

〈문제 3〉 '떡볶이' 하면 떠오르는 것 말하기!

3조 학생1 맵다, **학생2** 맛있다, **학생3** 먹고 싶다, **학생4** 어…좋다…?

저도 떡볶이 참 좋아합니다만… 아쉽지만 시간 초과!

1조 학생1 맛있다, **학생2** 어묵, **학생3** 고춧가루, **학생4** 튀김

성공. 와! 1조 정말 빠른데요.

학생2 아 선생님… 아쉬워요. 한 번만 더 해요.

좋아요. 그럼 마지막 문제 하나만 더 해볼게요!

〈문제 4〉 선생님의 단점 다섯 가지 말하기!

1조 학생1 키가 작다, **학생2** 팔이 짧다, **학생3** 그…그…

땡!

2조 학생1 못생겼다, **학생2** 너무 못생겼다,
 학생3 진짜 못생겼다, **학생4** ㅋㅋㅋ

얘들아… 나 상처받는다… 안 되겠어요. 키워드를 바꿔서 부정적인 관점 말고 첫인상으로 바꿔보겠습니다. 선생님의 첫인상 다섯 가지 다시 시작!

4조 학생1 친절하다, **학생2** 착하다, **학생3** 잘생겼다
 학생4 웃기다, **학생5** 착하다

땡! 착하다가 두 번 나왔어요. 그래도 아까보다 기분은 훨씬 좋네요.

1조 학생1 부드럽다, **학생2** 재밌다, **학생3** 다정하다,
 학생4 무섭다, **학생5** 친절하다

1조 성공! 저 위로해 주려고 긍정적인 단어만 말한 거 아니죠? 근데 무섭다고 표현해 준 친구도 있네요? 혹시 제 첫인상이 무서웠나요?

학생1 아… 저희 외삼촌이 엄청 무서운데 좀 닮으신 것 같아서 처음에 조금 무서웠어요. 지금은 아니에요. 너무 재밌어요.

외삼촌이랑 비슷한 이미지였군요. 그래도 많은 친구들이 긍정적인 관점으로 바라봐 주고 있다고 생각하니 기분이 좋네요. 첫 번째 시간에 관점에 대해서 배웠죠? 관점의 특징 중 하나로 우리의 감정과 행동에 영향을 준다고 배웠어요. 저에 대한 여러분의 부정적, 긍정적 관점을 들었을 때 제 감정도 영향을 받았던 것 같아요. 못생겼다를 세 번 들었을 때는 진심으로 울 뻔했네요. 지금처럼 이번 시간에는 내가 갖고 있는 관점 중 '나'에 대한 관점을 확인해보려 합니다. 타인이 바라보는 나에 대한 관점, 내가 바라보는 나에 대한 관점. 그동안 나를 어떻게 바라보고 있었는지 그리고 그 관점이 나의 감정과 행동에 어떻게 영향을 미치고 있었는지 확인해 볼게요.

여러분 자리에 있는 A4 용지를 한 장씩 나눠 가져볼게요. 세로 방향으로 다섯 등분이 될 수 있도록 펜으로 네 개의 줄을 그어주세요. 선을 다 그은 친구는 짝 등에 테이프를 이용하여 종이를 붙여주세요.

아하! 포인트

다른 친구와 어울리는 것을 어려워하여 혼자서 등에 붙이려고 하는 학생이 생기지 않도록 서로 등에 종이를 붙여줄 짝을 정해주는 것이 좋습니다. 그리고 남녀가 섞여 있는 반의 경우 신체 접촉에 민감할 수 있으므로 동성 친구들끼리 붙일 수 있도록 합니다. 테이프를 너무 짧게 하면 활동 중에 종이가 떨어집니다. 테이프를 한 뼘 이상 길게 뜯어서 상의 안에 있는 상표 쪽으로 말아 붙이면 종이가 쉽게 떨어지지 않습니다.

서로의 등에 종이를 잘 붙였나요? 잘 붙지 않은 친구들은 보강이 필요하겠네요. 테이프를 좀 더 사용하여 등에서 종이가 떨어지지 않도록 잘 붙여주세요. 이제 여러분은 서로의 등에 붙은 종이에 제가 보여주는 질문에 대한 답을 적어주면 돼요. 그런데 그냥 적는 것은 아니고 친구를 만나면 먼저 반가움을 표시하는 하이파이브를 한 후 메시지를 서로 적어주고 감사함의 하이파이브를 다시 한 후 다른 친구를 만나 같은 방식으로 적어주세요. 주의할 점은 꼭 1:1로 만나야 돼요.

아하! 포인트

한 친구와만 계속 적어주거나 너무 오랜 시간 머무를 수 있기 때문에 한 문제당 최소 몇 명의 친구를 만나서 적어줄 수 있도록 정해주는 것이 원활한 진행에 도움이 됩니다. 그리고 2인 1조로 작성할 수 있도록 안내하여 학생들이 한 곳에 몰리는 것을 방지하고 친한 친구들끼리만 뭉쳐서 작성하지 않도록 하는 것이 중요합니다. 이때 학생들이 다닐 수 있는 공간을 제한하면 좀 더 자주 마주쳐서 여러 친구들과 번갈아 가며 작성하는 데 도움이 됩니다.

그럼 기분 좋게 시작하기 위해서 첫 번째로 친구에게 느껴지는 좋은 첫인상을 적어볼게요. 예를 들어 '너는 마음이 따뜻한 사람 같아', '너는 유쾌한 것 같아' 등으로 적어주면 돼요. 다음 표를 한번 볼까요? 참고할 수 있는 단어들을 준비해 봤어요. 표에 있는 단어를 참고해도 되고 친구에게 어울리는 다른 표현을 적어줘도 좋습니다! 단, 친구가 보고 기분 나빠할 단어나 표현은 하지 않기로 해요. 긍정적인 관점으로 친구의 첫인상을 써주면 좋을 것 같아요. 그럼 지금부터 시작~!

하이파이브 → 메시지 교환 → 하이파이브

너는 ☐ 사람일 것 같아

예) 부드러운, 자상한, 편안한, 따뜻한, 포근한, 다정다감한, 카리스마 있는, 강인한, 주도적인, 총명한, 똑똑한, 예리한, 냉철한, 밝은, 차분한, 조용한, 지적인 여성(남성)스러운, 예술가, 탐험가, 뮤지션, 운동선수, 독서광, 예의바른…

고마워요, 모두 잘 적어줬네요. 나중에 친구들이 자신의 등에 적힌 것을 보면 참 기분 좋을 것 같아요. 이어서 두 번째 주제 나갑니다. '너는 (   )을 할 때 즐거울 것 같다' 친구가 좋아할 것 같은 것을 적어볼게요. 이번에도 표에 있는 단어를 참고해서 작성하고 표에 없는 단어로 표현해줘도 좋아요. 출발~!

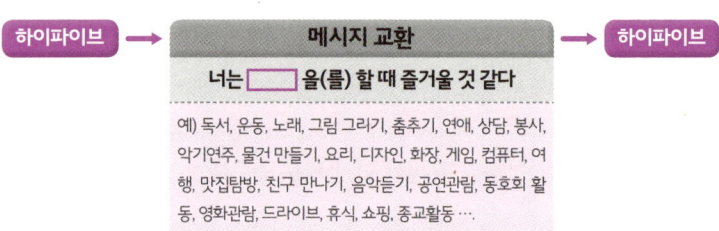

이어서 세 번째 주제는 '너는 (   )을 할 때 좋은 결과를 낼 것 같다'입니다. 친구가 자신의 능력을 발휘할 수 있는 것이 무엇인지 적어볼게요. 여러분이 오랜 시간 적고 있는 것을 보니 친구가 잘 할 수 있는 것이 많은 것 같네요. 그럼 다음 주제 나갑니다.

하이파이브 → **메시지 교환**
너는 ☐ 을(를) 할 때 좋은 결과를 낼 것 같다
→ **하이파이브**

예) 발표, 운동, 노래, 말, 그림 그리기, 춤추기, 상상, 진행, 분위기 띄우기, 계산, 중재하기, 분석, 상담, 배려, 봉사, 헌신, 연기, 도전, 관찰, 연구, 악기연주, 물건 만들기, 친구 사귀기, 요리, 디자인, 코디, 화장, 게임, 컴퓨터, 웃기기…

네 번째 주제는 '너의 인생에서 가장 중요한 가치는 ( )일 것 같다'예요. 친구는 무엇을 중요하게 생각할까요? 한번 적어볼게요.

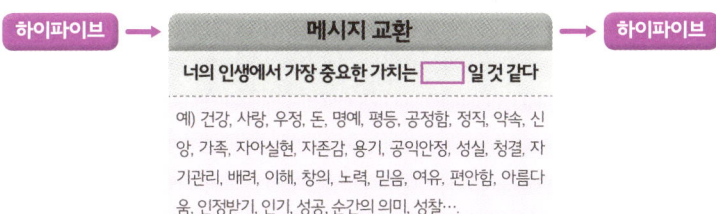

마지막 다섯 번째, '너는 성격이 ( )일 것 같다'예요. 친구는 어떤 성격을 갖고 있는 사람 같은지 생각해서 적어주세요!

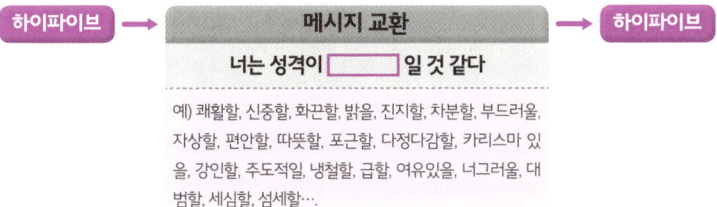

아하! 포인트

친구의 이미지를 장난스럽게 적을 수도 있기 때문에 활동 전에 자신의 글이 친구에게는 상처가 될 수도 있다는 것을 진지하게 이야기하여 장난으로 적지 않도록 해야 합니다. 학급에 장난스러운 학생이 많은 경우 작성한 친구의 이름을 적는 것도 도움이 됩니다.

자, 모두 수고했어요. 그럼 이제 등에 붙어있는 내용을 한번 확인해볼래요?

학생1 웃기는 캐릭터라고 쓴 사람 누구야~! (웃으면서)
학생2 오! 그림 그리기 취미인 거 어떻게 알았지?

모두 확인했으면 이제 자리에 앉아서 새 종이에 같은 질문에 대한 여러분의 생각을 적어볼게요. (음악과 함께 작성할 시간을 약 5분 이상 준 후에) 다 적었나요? 그럼 조원들과 함께 진짜 여러분의 모습과 친구들이 바라본 여러분의 모습을 비교하면서 함께 공유하는 시간을 가질 거예요. 가장 기분 좋았던 내용, 가장 비슷하다고 생각했던 내용, 가장 다르다고 생각하는 내용 등을 함께 공유해 보세요. (잔잔한 음악과 함께 공유 시간을 갖는다)

태그 활동을 통해 친구들이 바라보는 나와 내가 생각하는 나에 대해 알아봤는데 기분이 어땠어요?

학생1 왠지 모르겠지만 기분 좋아요.
학생2 신기하게 맞는 것도 있고 완전히 다른 내용도 있고 그렇네요. 친구들이 나를 이렇게 바라보고 있다고 생각하니 신기해요.

맞아요. 친구들이 바라봐 준 나의 모습이 이미 내가 알고 있는 모습이면 친숙함을, 낯선 모습이면 의아함과 궁금함을 느끼기도 하죠. 그리고 몰랐던 나의 모습을 발견하면서 반가움을 느끼기도 하고요. 남이 보는 나는 실제 나와 다를 수도 있죠. 이 활동에서 여러분은 다른 사람이 보는 나에 대해서도 살펴봤고, 내가 보는 나에 대해서도 살펴봤어요. 그리고 나를 어떤 관점으로 보느냐에 따라 나에게 느끼는 감정도 달라질 수 있다는 것도 알 수 있죠. 나를 보는 관점이 결국 나의 행동에도 영향을 미칠 수 있어요.

② **다양한 전달 방법들**

- '나' 그리기 활용하기

비어있는 사람 모양의 그림(아이콘 등)을 '나'에 대한 생각들로 채우는 활동입니다. 예를 들어, ① 머리-나는 나에 대해서 생각하는 것을 좋아해, ② 가슴-나는 항상 정직하기 위해 노력해, ③ 손-나는 한번 시작하면 끝까지 놓지 않아, ④ 발-다리를 떠는 습관을 고치면 좋을 것 같아, 등 각 신체 부위와 연관된 자신에 대한 생각(관점)을 끌어냄으로써 '나는 어떤 사

람인가?'에 대한 성찰을 돕습니다. 이때 자신에 대한 생각(관점)은 긍정적일 수도 있고 부정적일 수도 있습니다. 억지로 긍정적인 관점만 작성해야 한다고 부담을 갖지 않아도 괜찮습니다.

● **문장 완성하기 활용하기**

여러 가지 상황 속에서 나는 어떻게 행동하는지 적어봅니다.

- 나는 스트레스 받을 때 _____ 한다.
- 나는 공부하다 안 풀릴 때 _____ 한다.
- 나는 용돈을 받으면 주로 _____ 한다.
- 나는 칭찬을 받으면 _____ 한다.
- 나는 원하는 결과가 나오면 _____ 한다.
- 나는 행복할 때 (가족, 친구, 선생님 등 주변 사람들에게 연락하고 자랑)한다.

이러한 문장완성을 통해서 상황별 나의 행동 패턴을 확인해봅니다. 이때 내가 하는 행동과 연결되어있는 감정을 생각해보고, 이 감정과 연결된 나의 관점을 생각해 볼 수 있도록 합니다.

③ 알아두면 쓸 데 있는 이론과 개념

● **《마음 챙김》에서 소개된 객실 청소원 연구**

엘렌 랭어의 저서 《마음 챙김》은 마음이 삶을 어디까지 바꿀 수 있는가, 우리 관점에 따라 어디까지 얼마나 변할 수 있는지를 보여주는 책입니다. 책에서 하버드대 심리학과 교수인 엘렌 랭어는 2007년에 객실 청소원을 대상으로 진행한 연구를 소개합니다. 객실 청소원들을 두 그룹으로 나누어 A그룹에는 별다른 지시를 하지 않았습니다. B그룹에는 기존에 하던 것처럼 객실 청소를 하되 헬스장에서 운동을 한다고 생각하면서 일하라고 지시합니다. 그러자 평소처럼 일을 했던 A그룹과 달리 B그룹은 근육량이 늘어나고 체지방률이 줄어드는 등 신체적으로 더 건강해졌습니다. 내가 하는 일을 의식적으로 운동이라고 생각하는 것이 실제 신체적인 변화에도 영향을 미치는 것을 발견한 연구입니다. 나아가 내가 나를 보는 관점이 나에게 어떤 영향을 미치는지도 알 수 있는 좋은 사례입니다.

● **자기충족적 예언**

'자기충족적 예언 self-fulfillment prophecy'은 20세기 초에 사회학자 윌리엄 토머스로부터 알려진 개념으로서 '자성예언 自成豫言'이라고도 합니다. 이 개념은 첫 번째 수업에서 소개했던 '로젠탈 효과', '피그말리온 효과'와 유사합니다. '어떤 상황을 진실이라고 정의하면 그 상황은 결과적으로 진실이 된다'는 개념으로, 관점과 연결해서 활용할 수 있습니다. 다만 자기충족적 예언을 로젠탈 효과(피그말리온 효과)와 엄밀히 구분하자면 관점의 영향을 받는 대상이 다르다고 볼 수 있습니다. 로젠탈 효과는 관점의 대상이 자기가 아니라 다른 사람(또는 외부 상황)입니다. 즉 내가 상대(또는 외부 상황)에 대해 갖는 관점이 그 상대에게 어떤 영향을 미치는지 설명하는 데 적합합니다. 반면에 자기충족적 예언은 관점의 초점을 자신에게 맞춥니다. 따라서 자신에 대한 관점이 자신의 감정이나 행동에 영향을 미친다는 것을 설명하는 데 유용합니다. 우리는 객관적 상황을 있는 그대로 받아들이기보다 주관적으로 해석해서 받아들입니다. 개인 역시 자신을 객관적으로 보지 못하고, 주관적으로 해석해서 그것을 사실로 믿게 됩니다. 그 믿음은 자기를 스스로 그렇게 만드는 예언이 되어 결국 실제가 되기도 합니다. 자신을 긍정적으로 보고 그렇게 믿는다면 정말 긍정적인 결과를 얻을 수 있습니다. 그러나 자기충족적 예언이 부정적으로 쓰여서 자신을 스스로 낙인효과의 대상으로 만들 수도 있습니다. 학생들이 자신을 어떤 관점으로 보는지, 그리고 그 관점은 결국 어떤 영향을 미치는지 생각하게 돕는데 참고할 수 있습니다.

● **자기 개념**

'자기 개념 self concept'그야말로 자기에 대한 개념, 즉 자기 자신에 대한 인지의 총체를 의미하며 '자기에 대한 관점'으로 이해할 수도 있습니다. 토리 히긴스는 '자기차이이론 self-discrepancy theory'으로 다양한 종류의 자기 개념[4]을 설명하기도 했습니다. 키, 몸무게, 소속 학교 등과 같이 구체적이고 객관적으로 표현할 수 있는 자기 개념을 '실제 자기 actual self'라고 하고, 미래에 원하는 모습을 표현하는 자기 개념을 '이상적 자기 ideal self'라고 합니다. 상담심리학자로도 유명한 미국의 심리학자 칼 로저스 역시 내담자의 자기 자신에 대한 관점이 상담에 큰 영향을 미친다는 사실을 알아차리고는 자기 개념의 중요성을 주장하기도 했습니다. 'AHA 진로'에서 정의

---

4 Higgins, ET. (1987). 〈Self-discrepancy: a theory relating self and affect〉, psychological Review, 94, 319-340.

하는 진로(眞路)의 '참된 나를 발견하고 행복하게 사는 삶'의 '참된 나'는 실제 자기와 이상적 자기를 두루 살펴보면서 자기를 현재 시점에 완성된 존재로 보지 않고, 되어 가는 존재로 보면서 '자기다워지는 존재'를 뜻합니다.

3 진로 상담 Tip

"선생님 저는 제가 어떤 사람인지 잘 모르겠어요."

이런 고민을 들을 때마다 "선생님도 마찬가지란다"라고 말하고 싶지만 꾹 참습니다. 진로 상담을 하러 온 학생을 앞에 두고 넋두리를 하게 될지도 모르기 때문입니다. 참된 나를 발견하고 행복하게 사는 삶을 사는 것은 쉬운 일이 아닙니다. 그렇다고 어려운 일이니 대충 살라고 할 수도 없습니다. 우리가 만난 청소년들이 나중에 어른이 되어서 "이번 생은 망했다"고 말하는 걸 상상하면 가슴이 아픕니다.

참된 나를 발견하고 행복하게 사는 삶은 저자들이 추구하는 이상적인 진로입니다. 개개인이 이상적인 진로를 찾고, 모두 그런 진로로 나아가는 세상이야말로 우리의 이상향입니다. 그러나 꿈만 같은 세상이 실현되고 그런 세상을 만든 사람들이 많아지는 것이 쉽지 않다는 걸 잘 압니다. 학생들에게는 더더욱 어려운 과정일 수 있다는 것도 받아들이고 있습니다. 그래서 단번에 "너는 이런 사람이니 이런 삶을 살아야 해"라고 답을 주기보다 스스로 성찰을 시작할 수 있도록 도와주면 좋겠습니다. "너는 이런 사람이야"가 아니라 "너는 이런 사람일 수도 있겠다"라고 여지를 두면 좋겠습니다. "누군가 너를 이런 사람이라고 생각할 수도 있는데, 너는 어떻게 생각해?"라고 다시 물어볼 수도 있습니다. 심지어 지금까지 이런 사람으로 살아왔더라도 앞으로도 꼭 그런 사람으로 살란 법은 없다는 걸 알려주고 싶습니다. 어떤 사람이라고 단정 짓는 것이 목적이 아닙니다.

어떤 사람인지 생각하게 하는 것이 목적입니다. 어떤 사람이라고 생각하는 관점에 갇히지 않고, 선입견 없이 자신을 볼 수 있는 힘을 길러주고 싶습니다.

공감하기

"수업 시간에 이런저런 활동을 했는데도 불구하고 더 궁금증이 커졌구나. 진지하게 자신이 어떤 사람인지 고민하기 시작한 것 같아서 선생님도 뿌듯하네. 자기가 어떤 사람인지 잘 모르겠다는 것은 누구나 가질 수 있는 생각이야. 선생님을 비롯해서 많은 어른들도 비슷하게 생각해. 오히려 '나는 이런 사람이다, 저런 사람이다'라고 확신하는 것이 마냥 좋은 것이 아닐 수 있거든. 그래서 자기가 어떤 사람인지 잘 모르겠다는 것에 대해서 너무 자책하지는 않았으면 좋겠다."

확인하기

"어떤 사람인지 아예 모르지는 않을 것 같은데, 어떤 걸 더 알고 싶은지 선생님이랑 하나씩 생각해볼까?"

질문하기 또는 정보 공유하기

"어떤 사람이 네가 제일 좋아하는 자동차(또는 게임, 연예인 등)가 어떤 자동차인지 물어보면, 뭐라고 할 거야? 설명할 수 있을까? 이름, 색깔, 성능, 무게, 크기, 디자인이 주는 느낌 등 많은 것들로 설명할 수 있지만 그렇다고 해서 그 자동차가 어떤 자동차인지 완전히 설명한 것은 아닐 거야. 그리고 그 자동차를 모두 이해한 것도 아닐 테고. 여전히 그 자동차가 어떤 자동차인지 궁금하고, 모르는 부분이 많겠지? 사람은 자동차보다 훨씬 더 복잡하고 알 수 없는 부분이 많아서 완전히 이해하고, 어떤 사람인지 말하는 것은 불가능에 가까워. 우리는 다만 자신을 더 잘 이해하기 위해서 색깔, 성능, 무게, 크기 같은 성격, 흥미, 재능, 가치관 등 여러 가지 요소들로 이해하려고 노력하는 거야. 그러다 보면 자신이 최대한 행복하게 살 수 있는 직업도 찾을 수 있을 거야. 한 가지 분명한 건 이렇게 선생님께 질문하러 온 걸 보니 참 용감하고, 성실한 사람이구나!"

참된 나를 발견하는 때가 영영 올 수 없는 묘연한 순간이라면 진로를 찾는 일도 영영 불가능한 일이라고 생각할 수도 있습니다. 그런데 진로란 한 번 정해서 바꾸지 않고 죽을 때까지 이어나가야 하는 것이 아닙니다. 완료형이 아니라 진행형이라고 한 것과도 같은 맥락입니다. 지금 이 순간 최선의 자기 이해를 바탕으로 행복하게 살 수 있는 일을 하면 진로를 찾은 것입니다. 그러다 시간이 흘러서 어느 순간 새로운 자기를 발견했을 때, 그 순간 자기가 행복할 수 있는 일을 찾아서 직업을 바꾸는 것도 괜찮은 일입니다. 매 순간 최선을 다해서 자기가 어떤 사람인지 발견하는 것이 중요합니다.

☑ **상담 Key point**
☐ 학생들이 자기 자신을 어떤 사람이라고 생각하는지 알게 해주기!
☐ '이런 사람이다!'라고 결론을 내리기보다 '어떤 사람일까?' 질문하게 돕기!
☐ 자기에 대해서 충분히 생각하고 직업을 결정해도 늦지 않다고 격려해주기!

4 주제와 관련된 사례

① 피아니스트 조성진

"사람들의 마음을 움직이는 귀한 연주를 하고 싶습니다."

한국인 최초 쇼팽 국제 피아노 콩쿠르 우승자 피아니스트 조성진.
현재 최고의 피아니스트인 조성진은 한국인 최초로 2015년 '제17회 쇼팽 국제 피아노 콩쿠르'에서 우승하였습니다. 그로 인해 젊은 나이에 세계가 주목하는 유명 피아니스트가 되었으며 클래식 음악에 관심이 없는 사람들도 그의 이름을 알고 있을 정도입니다. 그는 어려서부터 자신을 알기 위한 노력을 게을리하지 않았으며, 자기만의 스타일을 찾기 위해 노력한 것이 재능을 더욱 빛내는 계기가 되었습니다.

그의 한 걸음 한 걸음은 남달랐습니다. 그의 발자취는 음악을 전공하는 사람들에게는 놀라움의 연속이었습니다. 피아노를 시작할 때부터 영재의 실력을 보였으며 해외 유명 콩쿠르 입상 경력도 많고, 그중 상당수가 최연소 또는 최연소에 가까운 나이였습니다. 그는 콩쿠르 입상에 안주하지 않고 그 이상의 진보된 음악을 보여주고 있습니다. 게다가 음악에 집중할 수 있도록 돕는 지원과 후원은 가족의 도움이 아닌 전부 자기 능력으로 얻어낸 것입니다. 어떻게 그는 이러한 길을 걸어갈 수 있었을까요?

그는 피아노 연습에 몰입했을 뿐만 아니라 음악에 대한 깊은 고민과 자신에 대한 연구를 하였습니다. 어린 시절부터 다양한 피아니스트의 앨범을 들으면서 피아니스트마다 곡의 해석 차이를 알게 되었고, 그로 인해 자신만의 음악을 찾아야 함을 깨닫게 되었습니다. 피아노를 처음 시작했을 때는 잘 치기 위한 피아노 기술을 익혔지만, 이후에는 자신만의 개성이 중요했기에 자신에 대한 연구를 시작하였습니다. 다른 피아니스트의 해석을 따라 하지 않고 자신만의 길을 걸어가기 시작한 거죠.

다른 음악 전공자보다 연습 시간이 짧은 편이었는데 그 이유는 연습뿐만 아니라 자신과 음악에 대한 '생각'을 하기 위해서였습니다. 그는 물리적인 피아노 연습 시간뿐만 아니라 자신이 원하는 음악 세계와 자신의 연주에 대해 고찰하는 시간 또한 중요하다고 생각하였습니다. 음악 전문가들은 그의 연주를 보면서 연도별로 그의 음악 발전을 느끼고 그만의 음악을 구축했음을 알 수 있다고 합니다. 이런 그에게도 시련의 시기가 찾아온 적이 있었는데, 이때에도 '자신만의 소리'를 고민하고 자신에게 확신을 가지면서 극복했다고 합니다.

여러 콩쿠르에서 입상하며 조성진은 국제무대에서 자신의 존재감을 각인시켰으며 지금은 클래식 스타를 넘어서 '젊은 거장'이라는 수식어를 얻게 되었습니다. 하지만 그는 현재 명성은 중요하지 않으며, "항상 최선을 다해서 관객의 마음을 움직일 수 있는 귀한 연주를 하고 싶어요"라고 말하였습니다. 사실 그는 경쟁이 심한 콩쿠르를 좋아하지 않는다고 합니다. 하지만 자신만의 연주를 하기 위해 콩쿠르의 입상이라는 명성이 필요했고, 이제는 콩쿠르가 아닌 자신의 연주를 할 수 있어서 매우 기쁘다고 합니다.

② 박주원 강사의 나를 찾아간 이야기

경영학부에서 무역학을 전공했던 저는 졸업과 동시에 무역 인력을 양성하는 취지로 정부에서 지원하는 6개월간의 인턴십 프로그램에 지원하여 선발되었고 미국으로 파견되었습니다. 한국으로 돌아와서는 이 경험을 살려 대기업에 취업하고 싶은 마음에 해외 영업, 해외 마케팅, 무역 등을 할 수 있는 부서로 여러 곳에 지원을 했지만 서류전형도 통과할 수가 없었습니다. 같은 시기에 미국 각지로 인턴십을 다녀온 동기들이 대기업에 속속 취업이 되기 시작했고 저는 조바심이 나고 마음이 복잡해졌습니다. 그러다가 무역을 하는 작은 회사에 성급하게 취업을 하였는데 이 선택에 대해 많은 후회를 하게 되었습니다. 하지만 어떻게 보면 신중하지 않았던 선택으로 인해 나에 대해 진지하게 고민할 수 있는 기회가 되었고 내가 정말 하고 싶은 일이 무엇인지 찾는 시간을 가질 수 있었습니다.

당시에 저는 "졸업하고 인턴십을 다녀와서 바로 대기업에 취직이 되었어"라며 자랑할 수 있는 나 자신을 꿈꿨습니다. 남들이 보기에 좋은 내가 되고 싶었던 것이지요. 하지만 보다 중요한 것은 내가 나에 대해서 얼마나 알고 있는지, 나 자신을 어떤 관점으로 보고 있는지, 그리고 올바른 관점을 통해 가지게 되는 감정과 그에 따른 선택, 행동이 내 삶에 어떤 영향을 미치는지에 대해서 아는 것이었습니다.

사실 저는 오래전부터 교사를 꿈꿨습니다. 대학에 입학하자마자 성당 주일학교 교사가 되어 3년간 초등부 주일학교 교사를 했고 이 일이 적성에 잘 맞아 즐겁게 활동했습니다. 대학 졸업을 8월에 한 이유도 한 학기를 휴학하면서 사대 편입을 준비했기 때문입니다. 고등학교 때 좀 더 진지하게 나에 대해서 고민을 할 수 있었다면 바로 사대에 지원해서 교사의 길을 걸을 수도 있었겠지만, 대학지원 시에는 큰 고민 없이 점수에 맞춰 대학에 지원했고 몇 년이 지나고 나서야 편입을 생각해보게 되었습니다. 결국 60대 1이라는 높은 경쟁률을 뚫고 사대에 편입을 하지는 못했습니다. 지금 생각해보면 교직 이수 등으로 교원 자격시험을 볼 수 있는 기회를 주도적으로 만들 수도 있었을 텐데 하는 생각이 들지만 대학에 입학해서 이를 깨달았을 때는 이미 지원하기에 조금 늦은 상태였습니다. 그래서 그 당시 가능했던 편입에 도전하고자 휴학을 했었던 것입니다.

참된 나는 사람들 앞에 서고 누군가를 가르치는 것을 좋아하는 모습이었습니다. 계속된 고민을 해보아도 크게 달라지는 것은 없었습니다. 저는 배우는 것을 좋아하고 배운 것을 나누고 싶어 하는 사람이었습니다. 그래서 처음으로 취업한 무역회사를 3개월 만에 퇴사했고, 진지한 고민 끝에 시작한 강사 양성과정을 이수한 후에 교육회사에 취업을 하게 되었고, 그렇게 강의를 시작하게 되었습니다.

이렇게 다른 여러 경험을 통해 깨달음을 얻고 내가 원하는 방향으로 돌아오는 것도 의미가 있었다고 생각하지만, 청소년기에 내가 나에 대해서 성찰할 수 있는 시간을 충분히 가질 수 있었다면 진로를 생각하고 준비하는 데 있어 더 큰 도움이 되었을 것입니다. 'AHA 진로'에서 말하는 참된 나를 발견한다는 것은 그만큼 나에 대해서 많은 성찰을 하여 나에 대해서 더 잘 알게 된다는 의미입니다.

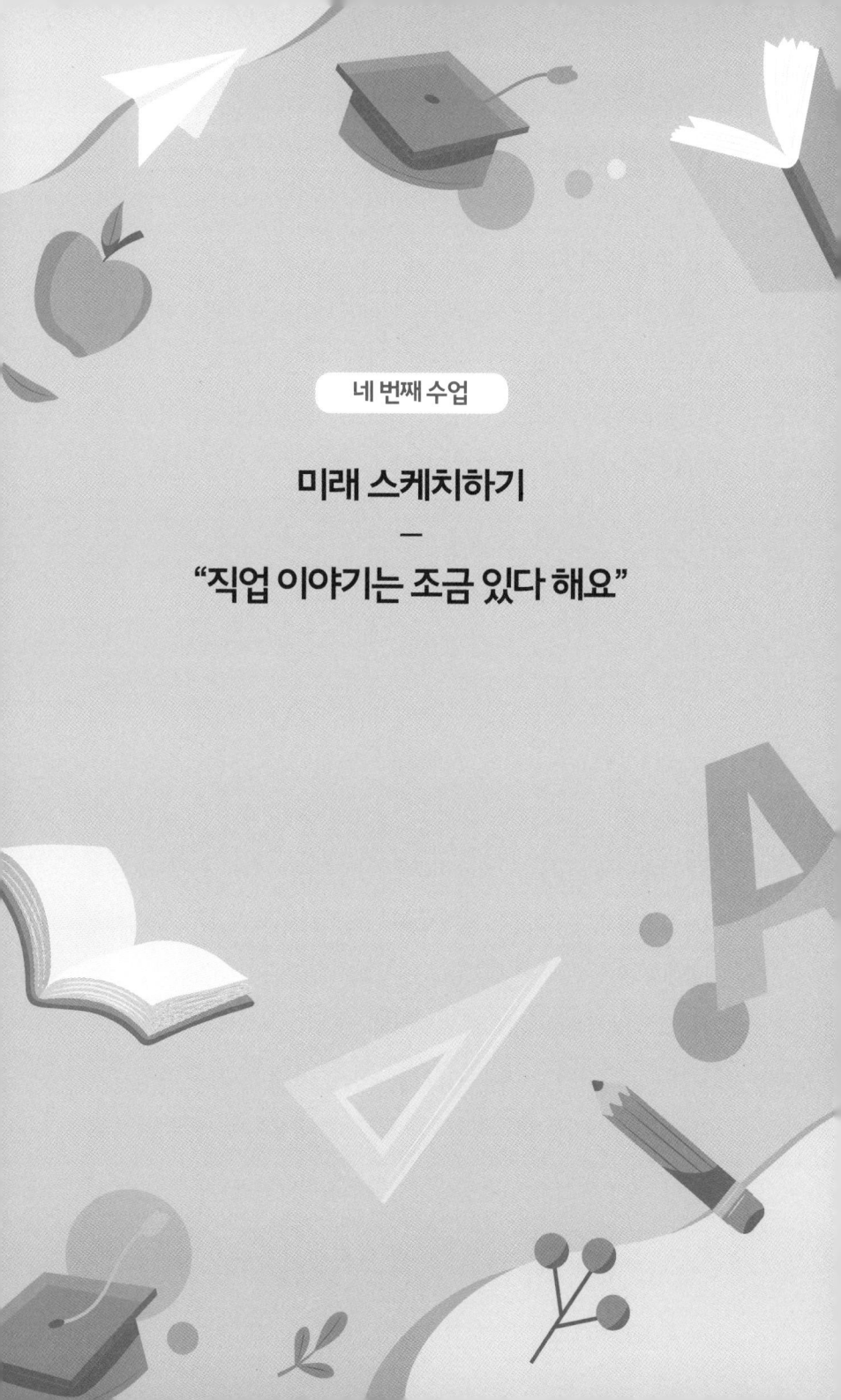

네 번째 수업

미래 스케치하기

―

"직업 이야기는 조금 있다 해요"

1 수업 준비

① **수업 준비 회의록**

"지난 시간에는 '나는 어떤 사람인가?'라는 질문을 던지면서 자신에 대한 관점을 살펴봤다면, 이번 시간에는 '나는 어떤 사람이 되고 싶은가?'라는 질문으로 이어져요. 더 나아가서 '어떤 사람으로, 어떤 삶을 살고 싶은가?'라는 주제도 함께 다루게 될 거예요."

"지난 시간에는 현재의 자신과 마주했다면 이번 시간에는 미래의 자신을 만나는 거네요."

"네. 미래의 자신, 미래의 삶. 이렇듯 미래 시점으로 넘어가는 시간이기도 해요."

"진로를 주제로 강의를 하면 미래의 꿈 이야기를 할 수밖에 없는데 혹시 미래를 설계하고, 계획하는 것에 대해서 어떻게 생각하세요? 요즘에는 욜로족이다 뭐다 해서 오늘만 잘살자는 사람도 많잖아요. 미래에 대한 이야기를 하는 것 자체에 거부감이 있는 학생들도 있는 것 같아요."

"맞아요. 어쩌면 그만큼 진로에 대해 막막하고 생각조차 하고 싶지 않은 것 같기도 해요."

"그럴 수도 있겠네요. 어차피 미래가 막막하니까 현재만 중요하게 생각하는 것이기도 하겠네요. 어쩌면 그런 학생들에게는 미래에 대해 생각해 보라고 강요하는 것보다 잘 공감해주는 것이 먼저인 것 같아요."

"저도 동의해요. 결국 강요받지 않고 스스로 설계한 미래가 삶의 원동력이 된다고 믿어요."

"미래를 그린다고 다 이뤄지는 건 아니지만 그리지 않으면 원하는 미래가 실현되지 않을 가능성이 높은 건 분명한 것 같아요. 원하는 미래를 그려 놓으면 중요한 선택의 기준이 되기도 하고, 흔들리고 방황할 때 방향을 알려주는 역할도 한다는 걸 학생들이 꼭 알면 좋겠어요."

"미래에 이루고 싶은 것이 없으면 흘러가는 대로 살게 되는 것 같아요. '생각대로 살지 않으면 사는 대로 생각하게 된다'는 말처럼요. 나다움을 잃지 않기 위해서라도 미래 설계는 꼭 필요하다고 생각해요."

"이번 수업은 삶의 목적이나 의미를 담은 '사명'을 만드는 시간이고, 다음 수업은 사명을 더 구체화한 '비전'으로 연결되잖아요. 두 번의 수업을 통해서 거창한 미래가 아니더라도 스스로 뭘 하고 싶은지에 대해서 학생들이 한 번쯤 생각해보면 좋겠어요."

"우리가 이번 시간에 학생들에게 던지고 싶은 메시지를 한 문장으로 표현한다면 뭐가 될까요?"

"나의 삶의 방향을 정하는 것은 내 꿈을 찾아 나아가는 항해의 첫걸음이다!"

② 수업 목표와 기대 사항

네 번째 수업의 목표는 다음과 같습니다.

- ◆ '나는 어떤 삶을 살고 싶은 걸까?'에 대해 생각할 수 있게 도와주기
- ◆ '나는 어떤 사람이 되고 싶은 걸까?'에 대해 생각할 수 있게 도와주기

나아가 학생들이 수업을 듣고 아래와 같이 생각하거나 말한다면 수업 목표를 달성했다고 말할 수 있을 것 같습니다.

- ◆ 내가 어떤 삶을 살고 싶은지 조금이나마 알게 됐어!
- ◆ 내가 어떤 사람이 되고 싶은지 조금이나마 알게 됐어!

2 수업 진행

① 수업 대본과 진행 노하우

여러분, 제가 햄버거 메뉴판을 준비했어요. 네 개의 메뉴가 있는데요, 여러분 수학 시간에도 배우는 사분면처럼 1~4번 사분면으로 주문받을게요. 1번 햄버거는 맛도 좋고 건강에도 좋은 햄버거, 2번 햄버거는 맛은 없지만 건강에 좋은 햄버거, 3번 햄버거는 맛도 없고 건강에도 안 좋은 햄버거, 4번 햄버거는 맛은 좋지만 건강에 안 좋은 햄버거예요. 여러분은 1~4번 햄버거 중에 어떤 햄버거를 먹을 거예요?

학생1 1번이요.

학생2 저는 4번이요.

일단 먹을 때 맛있는 햄버거를 선택하네요. 이번엔 이 햄버거 메뉴판으로 사분면을 만들어 볼게요. 먹을 때 맛있다는 것은 현재의 이익을 의미해요. 먹고 나서 건강에 좋은 것은 미래의 이익을 말하는 거였어요. 이렇게 현재와 미래의 이익을 +, 현재와 미래의 불이익은 -로 사분면을 만들 수 있겠죠? 그럼 각 조가 한 개 사분면씩 맡아서 각 칸에 어떤 일들을 예로 들 수 있을지 종이에 정리해볼게요. 5분 동안 작업을 하고 함께 이야기 나눠 봐요.[5]

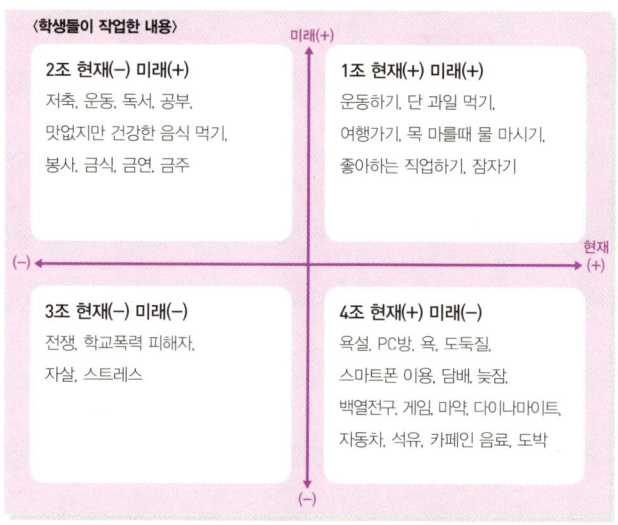

---

5 《해피어》 탈 벤-샤하르, 위즈덤하우스, 2007

　성취주의자는 자신이 하는 일을 즐기지 못하고 어떤 목적지에 도달하면 행복해진다고 믿는 사람들이라고 해요. 허무주의자는 행복을 단념하고 삶에 아무런 의미가 없다고 믿기 때문에 아무리 노력해도 행복해질 수 없다고 믿는대요. 쾌락주의자는 노력은 고통이고 쾌락은 행복이라고 믿는 사람들이구요. 쾌락주의자가 현재를 위해, 성취주의자가 미래를 위해 산다면 허무주의자는 과거에서 사는 사람이라고 할 수 있겠네요. 오랫동안 행복을 연구한 하버드 대학교의 탈 벤 샤하르라는 교수는 현재에도 이익이 되고, 미래에도 이익이 되는 선택을 할 때 진정으로 행복한 삶을 살 수 있다고 말합니다.

행복한 삶이란?

여러분은 어떤 삶이 행복한 삶이라고 생각해요?

학생1 성공한 거요!
학생2 하고 싶은 일 하면서 사는 삶이요!
학생3 소중한 사람들과 함께하는 삶이요!

네, 다양한 관점이 있네요. 오늘 우리는 '나는 어떤 삶을 살고 싶은지', '어떤 사람이 되고 싶은지'에 대해서 생각해보려고 해요. 행복 사분면에서 새롭게 발견한 행복에 대한 의미를 마음에 담고 시작해볼게요.

이번에는 어떤 직업인지 맞혀보는 퀴즈를 준비했어요. 정답을 아는 사람은 손을 번쩍 들면서 조 이름을 외쳐주세요. 첫 번째, 사람들에게 깨끗하고 상쾌한 아침을 선물해주는 사람은?

> 사람들에게 깨끗하고
> 상쾌한 아침을
> 선물해주는 사람은?

맞아요, 환경미화원이에요. 두 번째, 사람들에게 세상을 보는 '밝음'과 멋진 '스타일'을 선물해주는 사람은?

> 사람들에게 세상을 보는
> '밝음'과 멋진 '스타일'을
> 선물해주는 사람은?

맞아요, 안경사에요. 자, 다음 문제, 사람들에게 평생의 추억을 만들어 주는 사람은?

> 평생의 추억을
> 만들어주는 사람은?

네, 사진사에요. 자, 마지막으로 한 가지 더 물어볼게요. "나는 최고의 무대 연출가"라고 자신을 소개하는 분들이 있어요. 어디에서 일하는 분들일까요?

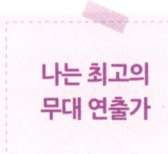

나는 최고의 무대 연출가

학생1 극장이요.

학생2 콘서트장이요.

학생3 방송국 PD요.

물론 여러분의 말도 맞아요. 그런데 선생님이 준비한 정답은 바로 디즈니랜드에서 커스토디얼Custodial이라고 불리는 분들이에요. 놀이공원을 청소하고 깨끗하게 유지하는 일을 하는 분들이죠. 이분들은 청소를 각종 공연과 놀이기구의 즐거움을 높이는 무대를 만드는 일이라고 말하면서 즐겁게 일하신대요. 청소를 하는 도중 길거리를 오가면서 만나는 손님들의 눈을 즐겁게 하기 위해 쓰레받기에 물을 담아 빗자루로 미키 마우스와 도널드 덕, 구피 등 디즈니랜드의 유명한 캐릭터들을 즉석에서 그려주기도 해요. 퀴즈로 풀어본 것처럼 현재 내가 하고 있는 일에 대해서 어떠한 의미를 부여하는지가 미래에도 영향을 미치게 돼요. 똑같은 일을 하더라도 즐겁고 행복하게 하는 사람이 있고 돈을 벌어야 하니까 어쩔 수 없이 한다고 하는 사람들도 있거든요. 그리고 이러한 마음은 우리가 이 과정을 시작할 때 배웠던 관점과도 연결이 돼요. 그래서 현재와 미래에 모두 긍정적인 영향을 미칠 수 있는 활동을 함께 해볼 거예요.

이런 말이 있어요. '인생은 ○○이 아니라 ○○이다.' 빈칸에 알맞은 단어 두 개는 뭘까요?

학생1 인생은 연습이 아니라 실전이다.
학생2 한 방, 두 방
학생3 실패가 아니라 성공이다.

다양한 의견이 있네요. 여러분은 어떤 삶을 살고 싶어요? 어떤 사람이 되고 싶어요? 삶에 있어서 속도도 중요하겠지만 그보다 중요한 것은 방향이에요. '인생은 속도가 아니라 방향이다'라는 명언처럼, 그 방향을 알려주는 것이 사명이에요. 사전에서 사명을 찾아보면 임무, 미션mission이라고 나오는데, 풀어서 얘기해보면 사명은 삶의 목적, 삶의 방향이라고 할 수 있어요. 오늘은 여러분의 사명 초안을 작성해보는 시간을 가져볼 건데요, 지금 떠오르는 생각들로 부담 없이 만들어보면 좋겠어요. 이렇게 초안을 만들어놓으면 앞으로 계속 보완해나갈 수도 있어요.

선생님이 20여 가지의 단어와 형용사를 준비해봤어요. "등대 같은 사람, 소금 같은 사람, 태양 같은 사람이 되고 싶어요"라고 누가 말한다면 어떤 느낌이 드나요? 같은 단어를 써도 각자가 해석하는 것은 다 다를 수 있어요. 여기 없는 단어를 써도 되고요. 자유롭게 한 번 찾아보세요.

산	나무	태양	바다	꽃
등대	난로	산타할아버지	시계	다이아몬드
거울	가방	소파	파티	소금
기둥	사탕	선물	TV	물

나누는	비추는	헌신하는	협력하는	돕는
따뜻한	재미있는	정직한	빛나는	즐겁게 해주는
깊은	든든한	포용하는	필요한	아름다운
노력하는	진실된	성실한	사랑하는	배려하는

예를 들어, '나는 내가 가진 것을 나누는 나무 같은 사람이다'라고 써볼 수도 있고요, '나는 사람들을 즐겁게 해주는 파티 같은 사람이다'라고 써 볼 수도 있겠네요.

아하! 포인트

작성 후 포스트잇에 써서 전지에 부착 후 조별로 갤러리워크(미술관에서 작품을 감상하듯이 서로가 작업한 것을 살펴보는 것)를 하거나 포스트잇에 써서 벽 등에 부착하여 선생님이 전체적인 정리를 해줄 수도 있습니다.

여러분 나침반의 역할이 무엇이죠? 맞아요. 방향을 알려주는 역할이죠? 사명도 마찬가지예요. 우리가 어떤 삶을 살고, 어떤 사람이 되고 싶은지 고민할 때 나아갈 방향을 알려주는 역할을 하는 것이 바로 사명이에요.

아하! 포인트

지원자를 받거나 사명을 잘 표현한 포스트잇을 골라서 그 문장을 작성한 학생 한 두 명을 인터뷰하는 것도 좋습니다.

오늘 초안으로 만들어 본 사명을 눈에 잘 보이는 곳에 붙여놓고 자주 보세요. 그리고 앞으로 진행될 수업에서 찾게 될 나만의 AHA, 나만의 흥미, 재능, 가치를 통해 계속 버전업 해보세요. 그러면 행복 사분면에서 얘기한 것처럼 현재에도 미래에도 가치 있는 삶을 사는 데 있어 분명 도움이 될 거예요.

② 다양한 전달 방법들

● 역할별 사명서 작성과 사명 발견을 촉진하는 질문들

사명서에 규정된 형식이 있는 것은 아닙니다. 사명을 효과적으로 생각해 볼 수 있는 방식이라면 무엇이든지 가능합니다. 그중에서 역할별 사명을 생각해보는 방법도 좋습니다. 먼저 학생들에게 먼 미래를 상상해보길 권유합니다. 시간이 지나 학생들은 60살이 되었고, 생일파티를 진행한다고 상상하게 합니다. 많은 사람들이 생일 축하와 함께 축사를 한다면, 어떠한 축사를 듣고 싶은지 물어봅니다. 누군가 "생신 축하드려요. 그리고 당신은 나에게 ○○과 같은 사람이었어요"라고 이야기한다면 그때 어떤 이야기를 듣고 싶은지 물어봅니다. 그리고 나서 우리에게는 다양한 역할이 있음을 예를 들어 설명합니다. 누군가의 자녀, 형제, 자매, 친구로서 또는 학생, 시민, 국민으로서 등등 다양한 역할별로 어떠한 사람으로 기억되고 싶은지를 생각해보면 역할별 사명서를 작성할 수 있습니다. 사명서를 주요 역할별로 작성하면 균형 있고 조화로운 삶을 사는 데 도움이 됩니다. 나아가 각각의 역할로서 해야 할 임무를 찾을 수도 있습니다. 이러한 역할을 검토하는 것은 우리가 한 가지 역할에만 치중하는 것을 사전에 방지해주기도 합니다.

그 외에 아래와 같은 다양한 질문을 통하여 사명서 작성을 촉진할 수 있습니다. 다양한 질문에 스스로 답을 하거나 파트너와 함께 이야기 나누어 사명을 찾는 방법입니다. 현재 시점으로 글을 작성해도 좋고, 앞서 작성한 '역할별 사명서 만들기'처럼 미래의 내가 대답하듯 작성해도 좋습니다. '나는 어떤 사람이 되고 싶은가?'라는 질문으로 삶의 목적과 의미를 표현하는 사명서를 작성해보는 시간을 갖습니다.

- 소중한 사람들에게 어떤 사람으로 기억되고 싶으세요?
- 가장 자랑스러웠을 때는 언제인가요? 그리고 어떤 인생을 자랑스럽다고 말할 수 있을까요?
- 지금까지 한 일 중에 가장 보람된 일은 무엇인가요? 앞으로 어떤 일을 하면 보람 있을까요?
- 세상에 남기고 싶은 유산은 무엇인가요? 또는 세상에 어떤 영향을 미치고 싶은가요?
- 정말 참지 못하는 것은 무엇인가요? 정말 화나게 하는 것은 무엇인가요? 그리고 그렇게 느끼는 이유는 무엇일까요?

● **에이미 브제스니프스키 연구와 벽돌공 우화 활용하기**

　에이미 브제스니프스키는 일을 대하는 자세를 기준으로 사람을 세 가지 유형으로 분류하여 제시했습니다. 첫 번째 유형은 일은 돈을 벌기 위한 것이라 생각하는 사람입니다. 일의 목적은 생계를 위해 돈을 버는 것이고 금전적 여유가 생긴다면 지금하고 있는 일을 그만두고 싶어 합니다. 두 번째 유형은 지금 하고 있는 일을 미래를 위한 발판으로 생각하는 사람입니다. 더 좋은 일을 하기 위해 지금 하고 있는 일을 참고 견딥니다. 마지막 세 번째 유형은 '자기 일에 사명감을 가지고 있는 사람입니다. 지금 하는 일은 단순히 돈을 버는 일을 넘어 세상을 보다 더 나은 방향으로 이끄는 의미 있는 일이라 믿습니다. 이와 관련된 우화로 벽돌공 우화가 있습니다. 학생들에게 스토리텔링 방식으로 벽돌공 우화를 활용할 수 있습니다.

> 세 명의 벽돌공에게 지나가는 한 사람이 물었습니다.
> "지금 무엇을 하고 있습니까?"
> 첫 번째 벽돌공이 이렇게 대답했습니다. "벽돌을 쌓고 있습니다."
> 두 번째 벽돌공이 이렇게 대답했습니다. "교회를 짓고 있습니다."
> 세 번째 벽돌공이 이렇게 대답했습니다. "하느님의 성전을 짓고 있습니다."

첫 번째 벽돌공은 돈을 벌고 있고, 두 번째 벽돌공은 직업을 갖고 있으며, 세 번째 벽돌공은 사명을 갖고 있습니다.

● **묘비 그리기와 신문 기사 작성하기**

사명은 인생의 궁극적 목적을 생각하게 합니다. 시간의 흐름을 고려하면 인생의 마지막 순간인 죽음을 떠올리게 합니다. 묘비 그리기나 신문 기사 작성하기는 삶과 죽음을 함께 생각해볼 수 있는 활동입니다.

묘비 그리기는 자신의 묘비에 'OO 인생을 살았던 사람'이라는 글귀가 적히는 것을 상상하게 합니다. 그리고 묘비에 들어갈 태어난 날과 세상을 떠난 날, 어떤 인생을 살았던 사람인지, 그리고 이름을 적어보게 합니다. 다소 무겁고 진지해질 수도 있지만, 중학교 3학년 또는 고등학생들에게는 죽음과 연결 지어서 사명을 생각하게 할 수도 있습니다.

마찬가지로 신문 기사 작성하기는 자신이 세상을 떠나고 나서 만약 자신의 죽음이 신문 기사로 실린다면 어떤 내용이길 바라는가를 생각하게 하는 활동입니다. 간단한 헤드라인과 짧은 신문 기사 형식의 글을 작성하면서 자연스럽게 어떤 삶을 살고 싶은지 생각해보게 할 수 있습니다.

③ 알아두면 쓸 데 있는 이론과 개념

● 의미치료

'의미치료Logotherapy'는 오스트리아의 정신과 의사인 빅터 프랭클이 만든 심리치료 이론입니다. 빅터 프랭클은 오스트리아가 나치에 점령당했을 때 강제수용소에 갇히는 경험을 합니다. 그곳에서 부모님과 아내, 남동생까지 모두 잃는 비극을 겪지만 스스로 삶의 의미를 찾으려는 노력을 통해서 가까스로 목숨을 건지게 됩니다. 그는 자신의 수용소 경험을 바탕으로 '의미치료'라는 정신치료 기법을 개발했고, 삶의 목적과 의미를 찾는 것이 시련을 이겨낼 수 있는 강력한 힘이 된다는 것을 강조했습니다. 왜 살아야 하는지 아는 사람은 그 어떤 상황도 견딜 수 있다는 것이 이론의 핵심이며 이는 삶의 목적과 의미를 담은 사명 발견의 중요성을 뒷받침하는데 좋은 사례가 될 수 있습니다.

● 긍정심리학의 행복의 다섯 가지 요소

긍정심리학의 창시자 마틴 셀리그만은 행복의 다섯 가지 요소로서 '긍정정서positive emotion', '몰입engagement', '관계relationship', '의미meaning', '성취accomplishment'를 꼽았습니다. 그리고 이 단어들의 앞 글자를 따서 'PERMA'라고도 부릅니다. 이 중에서 특히 '의미'는 왜 사는지, 무엇을 이루고 싶은지 등 인생의 목적과 의미를 추구하는 것을 의미합니다. 사명을 발견한다는 것은 의미와도 연결되며 행복한 삶을 위한 중요한 요소가 될 수 있습니다.

● **잡 크래프팅**

'잡 크래프팅Job Crafting'은 미국의 조직심리학자인 에이미 프제스니에프스키가 제시한 개념으로, 주어진 일을 스스로 의미 있는 일로 만드는 활동을 의미합니다. 주로 조직에서 동기부여를 하거나 직무 만족도를 높여주기 위해서 활용하고 있고, 잡 크래프팅을 통해서 개인의 자긍심뿐 아니라 조직의 성과도 향상시킬 수 있다고 알려져 있습니다. 이 책에서 퀴즈로도 소개된 여러 직업들도 잡 크래프팅 사례로 볼 수 있습니다.

3 진로 상담 Tip

"사명서 쓰는 거랑 직업 찾는 게 무슨 상관있어요?"

> **공감하기**
>
> "사명이나 삶의 목적 찾는 거랑 직업 찾는 게 어떻게 연결되는 건지 궁금하구나. 아무래도 진로와 직업은 밀접한 연관이 있게 느껴지는데 사명은 낯설기도 하고, 삶의 목적이라고 하면 너무 거창하게 들릴 수도 있을 것 같아."

진로가 직업과 밀접한 주제이다 보니 아무리 강조해도 '진로=직업'이라는 생각으로 돌아오기 쉽습니다. 게다가 '사명', '미션', '삶의 목적이나 방향'과 같은 주제들은 뜬구름 잡는 이야기로 치부되기도 합니다. 당장 인문계냐 자연계냐 하는 선택을 강요받거나 점수에 맞춰서 전공을 골라야 하는 상황, 무슨 일이든 해서 돈을 벌어야 하는 절박함에 놓이면 쓸데없는 고민처럼 들릴 수도 있습니다. 그러나 급박한 순간이 지나면 반드시 한 번은 맞닥뜨려야 하는 주제이기도 합니다. 운 좋게(?) 이런 고민 없이 생을 마칠 수도 있습니다. 그러나 그런 삶은 인생의 중요한 주제와 직면하지 않은 삶이라는 것도 분명합니다.

> **확인하기**
>
> "혹시 두 번째 수업 때 우리가 진로에 대해서 다뤘던 거 기억나? 그때 진로는 '참된 나를 발견하고 행복하게 사는 삶'이라고 했었어. 사명이나 삶의 목적은 그런 진로를 만들어 가기 위한 큰 그림이기도 해."

> **질문하기 또는 정보 공유하기**
>
> "같은 직업이라고 해도 참 다양한 사람들이 있지? TV에 많이 나오는 판사, 검사, 의사를 예로 들어 볼까? 어떤 판사는 만인이 법 앞에 평등하다는 것을 가르쳐 준 판사로 기억되고, 어떤 판사는 공정과 상식을 무너뜨리고 권력과 타협한 판사로 기억되기도 해. 어떤 검사는 정의를 구현하는 검사로 기억되고, 어떤 검사는 정의가 뭔지 헷갈리게 하는 검사로 기억되기도 하지. 어떤 의사는 자기를 희생해서라도 환자의 생명을 구하는 반면에 어떤 의사는 환자를 희생해서 자기의 돈을 챙기기도 해. 어떤 직업으로 무슨 일을 하든 그 사람이 어떤 사람인지에 따라 우리가 사는 세상이 달라지겠지? 선생님도 마찬가지야. 너는 나를 어떤 선생님으로 기억할 것 같아? 우리 학교 교장 선생님은? ○○과목 선생님은? 학생들의 입장에서는 어떤 과목을 가르치느냐도 중요하지만 어떤 선생님인지도 중요할 거야. 오늘 수업 시간에 다룬 내용이 직업과 연결이 잘 안 될 수도 있지만 직업을 고민하기에 앞서 정말 중요한 걸 생각해본 시간이야. 어떤 직업을 갖든 어떤 사람이 되고 싶은지에 따라서 일하는 방식이 달라질 테니까."

'왜Why 일 하는가?'라는 질문은 '무슨What 일을 할 것인가?'라는 질문에 선행되어야 합니다. 일하는 목적이 분명하면 직업이 달라져도 괜찮습니다. 방향이 명확하면 경로는 달라져도 괜찮습니다. 혹시 이런 질문의 의미를 상담 현장에서 바로 와 닿게 해주고 싶다면 이런 질문도 좋습니다.

"너는 선생님께 어떤 학생으로 기억될 것 같아? 바로 대답을 못 해도 괜찮아. 어른들한테도 어려운 질문이거든. 질문을 조금 바꿔서 선생님께 어떤 학생으로 기억되고 싶어?"

어떤 학생으로 기억될 것 같은지는 과거로부터 현재를 근거로 삼습니다. 지금까지 어떻게 했느냐로 답이 결정되기 때문입니다. 어떤 학생으로 기억되고 싶은가는 시점을 미래로 옮겨 놓습니다. 지금 이 순간부터 어떤 행동을 하느냐에 따라 답이 달라지기 때문입니다. '어떤 사람으로 기억되고 싶은가?'와 함께 '어떤 삶을 살고 싶은가?' 역시 많은 것을 생각하게 합니다. 인생을 단위로 하면 '죽을 때' 어떤 사람으로 기억되고 싶은지를 묻습니다. 만약 인생 전체를 기준으로 생각하는 것이 와 닿지 않는다면 학창 시절로 단위를 좁혀줄 수 있습니다. 학창 시절을 단위로 하면 '졸업할 때' 어떤 사람으로 기억되고 싶은지 묻는 것이 됩니다. 그것도 길다면 한 학년으로 줄여볼 수도 있습니다. '학년이 바뀌면 친구들은 너를 어떤 친구로 기억할 것 같아?', 질문을 조금 바꿔서 '학년이 바뀔 때 친구들한테 어떤 친구로 기억되고 싶어?'라고 물어볼 수 있습니다. 결국 직업을 고민하기에 앞서 일의 의미와 인생의 궁극적인 목적도 함께 생각해볼 수 있게 하려는 마음을 잘 전달해주면 좋겠습니다.

✓ 상담 Key point

- ☐ 추상적인 것(=삶의 목적)과 구체적인 것(=직업)을 연결해주기!
- ☐ 같은 직업을 가진 사람들 중에서 대조적인 사례로 설명해주기!
- ☐ 대화 현장에서 어떤 학생으로 기억되고 싶은지 질문하기!

4 주제와 관련된 사례

① 아이유

책에 소개된 유명인 중에서 유일하게 수식어를 붙이지 않은 사례입니다. 이제 '아이유' 세 글자, 그 이름만으로도 설명이 필요 없는 사람이 된 것 같습니다. 그런 그녀에게도 이루고 싶은 것이 있다고 합니다. 한 인터뷰[6]에서 그녀는 이렇게 답했습니다.

"신뢰가 가는 사람이 되고 싶어요. 종종 그런 사람이 있잖아요. 취향이나 호불호를 떠나서 적어도 빈말은 안 할 것 같은 사람. 개인적으로도 가수와 배우로서도 그런 신뢰할 수 있는 사람이 되기 위해 더 노력하고 있어요."

'당신은 어떤 사람으로 기억되고 싶나요?'라는 질문에 답과 같습니다. 적어도 그녀의 인터뷰를 소개하는 저는 아이유를 믿고 보는 배우, 믿고 듣는 가수로 기억하고 있습니다. 신뢰가 가는 사람이 되고 싶다는 그녀의 포부는 실제로 가수로서 이루고 싶은 목표와 연결됩니다.

"지금 처음 이야기하는 것 같은데, 뮤지션으로서 공연으로 한 획을 긋고 싶어요. 제 입에서 나오는 말 중에 가장 큰 포부일 거예요. 제가 어디서

---

6 〈DAZED〉 폴 에디션 화보 인터뷰, 2019. 10. 18

'정상에 서고 싶다', '한 획을 긋고 싶다' 이런 말 하는 사람이 아니거든요. 언제부턴가 가수로서 공연의 의미가 남달라졌어요."

그녀에게 공연은 어떤 의미일까요? 공연으로 한 획을 긋기 위해서 그녀는 구체적으로 어떤 노력을 하게 될까요? 그녀의 콘서트를 본 사람들은 어떤 노력을 통해서 어떤 공연을 만들고 있는지 조금은 짐작할 수 있습니다. 분명 공연을 보러 오는 사람들에게 신뢰가 가는 가수가 되기 위해서 노력할 것이라고 믿습니다.

신뢰가 가는 사람으로 기억되려는 노력은 무대 위에서 그치지 않습니다. 그녀는 2018년에 소속사와 재계약을 할 때 자신과 일하는 스태프들을 정규직으로 전환해달라고 해 화제가 되기도 했습니다. 작사가 김이나씨도 아이유를 '타고난 그릇이 정말 큰 아이'라고 하며 자신의 곁에 있는 사람을 잘 챙기는 건 1등이라고 칭찬하기도 했습니다. 그녀와 함께 일하는 스태프들은 그녀를 어떤 사람으로 기억할까요?

아이유가 이토록 많은 사람들에게 사랑을 받고 믿음을 줄 수 있는 비결은 무엇일지 궁금했습니다. 그녀와 관련된 이야기를 찾다가 어쩌면 이것이 아이유를 이끄는 강력한 힘일 수도 있겠다는 생각이 들었습니다. 바로 '자기다움'입니다. 인터뷰에서 뮤지션 아이유와 배우 이지은을 분리하는 편이냐고 물었을 때 그녀는 이렇게 답했습니다.

"딱히 분리하지는 않아요. 사실 배우 활동명도 아이유로 쓰고 싶은 마음이 있거든요. 그런데 아이유는 가수로 유명한 거니까 이지은이라는 이름을 써야 제 연기를 보는 사람도 더 몰입할 수 있을 것 같다는 의견을 존중해서 따로 쓰고 있는 거예요. 이제는 정리해야 할 때가 온 것 같긴 한데… 잘 모르겠어요. 누군가 '이지은으로 할 거야? 아이유로 할 거야? 라고 물으면 뭐라고 답해야 할지. 저는 둘 중 어느 것도 상관이 없거든요. 저는 그냥 저예요."

대중은 가수 아이유와 배우 이지은을 구분하기도 하지만 정작 그녀는 크게 중요하게 생각하지 않습니다. 무엇보다 자기는 그냥 자기라는 것을 더 중요하게 여깁니다. 그녀는 대학진학을 하지 않았을 때에도, 악플에 대처하는 태도에 대해서도 항상 소신껏 자기다움을 선택했습니다. 자기답게 사는 아이유를 신뢰하고 또 응원합니다.

② **김희숙 강사의 나침반**

저는 고등학교 시절 잠들기 전에 침대에서 많은 생각을 했습니다. '아, 아까 그렇게 이야기하지 말걸. 그 친구가 나를 이상하게 생각하면 어떡하지?', '내 행동을 다른 사람들은 어떻게 생각할까? 비호감으로 보이면 어떡하지?' 등 다른 사람들이 나를 어떻게 생각할지 고민하며 잠들었던 적이 많습니다.

대학교에 진학해서도 이러한 생각들은 저의 언행에 영향을 미쳤고, 내가 원하지 않던 결정을 하는 경우도 종종 있었습니다. 그러던 어느 날 '그럼 타인의 시선과 상관없이 내가 정말 원하는 삶은 무엇일까? 나는 오늘 하루를 어떻게 보내고 싶은가?'를 진지하게 생각했으며, 가훈이 집에서의 지침이 되는 것처럼 나의 지침을 만들어야겠다고 결심했습니다. 그때는 이러한 과정이 사명을 찾는 것인 줄 몰랐지만, 돌이켜보면 사명서 작성의 시작이었습니다.

　우선 저의 중요한 가치들을 생각했습니다. 지금 기억에 남는, 당시에 찾은 제 인생의 큰 가치로는 '사랑', '정직', '베풂' 등이 있었습니다. 예를 들어 사랑에 관하여 '저는 사랑의 힘을 믿고, 나 자신을 사랑하며 나를 사랑하는 만큼 다른 사람들을 믿고 사랑하자'라는 결심을 제가 아끼던 수첩에 적기 시작했습니다. 위의 가치들이 저에게 중요했기에 다른 사람들을 많이 의식했다는 생각과 더불어 이제는 타인을 이해하고 베푸는 삶을 살되, 내 삶이 타인에 의해 흔들리지 않도록 조심해야겠다는 점을 성찰할 수 있었습니다. 이후에도 고민되는 상황이 있거나 중요한 결정을 해야 할 때 저의 중요한 가치들을 고려했습니다.

　20대 후반 교육과정을 통하여 사명서를 구체적으로 작성하는 기회를 얻었습니다. 그때 저는 딸로서, 누나로서, 친구로서, 청소년 응원가로서, 나 자신으로서 등 역할별로 사명서를 작성하였으며 이 기회를 통하여 내가 가야 할 길이 더욱 명확해졌습니다. 더불어 내 삶의 우선순위를 알게 되었기 때문에 오늘 하루를 나는 어떻게 보낼 것인가를 쉽게 정할 수 있었습니다. 건강하고 따뜻한 관계 형성을 통해 저는 행복이라는 감정을 자주 느끼며, 10대 때 자주 고민했던 타인의 시선에서도 자유로울 수 있었습니다.

　저 또한 길을 잃어버릴 때가 종종 있었습니다. 몇 년 전에는 인생이라는 길에서 심하게 넘어져 다시는 못 일어날 것 같다는 좌절감에 빠진 적도 있었습니다. 물론 가족과 친구, 그리고 지인들의 진실하고 따듯한 응원에 힘을 내기도 했지만, 내 인생에서 정말 중요한 것이 무엇인가를 생각하며 사명서를 활용하여 삶을 재정비하였습니다. 처음 작성하였던 사명서를 읽으면서 다시 수정하고 보완하였습니다. 이러한 과정이 심신이 지친 저에게 어렵긴 하였지만, 오늘도 내가 의미 있게 삶을 살아가야 하는 이유와 내가 가고 싶은 종착지를 알 수 있도록 도왔기에 필요한 과정이었습니다. 그리고 저는 이 덕분에 한 걸음 더 나아갈 수 있었습니다.

　나침반 덕분에 길을 잃지 않는 것뿐만 아니라, 길을 잃었을 때도 나침반이 있기에 길을 찾을 수 있습니다. 우리는 살아가면서 '지금 나는 어디 있지? 어디로 가야 하지?'라는 고민을 종종 합니다. 그럴 때 나에게 사명서라는 나침반이 있다면 길을 잃어버릴 것을 걱정하지 않고 나아갈 수 있습니다.

다섯 번째 수업

비전 보여주기

—

"꿈꾸기를 포기하지 않게 도와주세요"

1 수업 준비

① 수업 준비 회의록

"다섯 번째 수업은 지난 시간에 생각했던 것들을 더 생생하게 그려보는 시간인데요. 어떤 삶을 살고 싶은지, 어떤 사람으로 기억되고 싶은지 고민했던 것을 더 구체적으로 정리할 수 있도록 도와주는 시간이라고 보면 돼요."

"저는 먼저 용어와 개념을 정리하면서 시작하면 좋을 것 같아요. 다섯 번째 주제가 '비전'인데, 만약에 '미션', '비전', '목표'가 어떻게 다르냐고 물어보면 뭐라고 답할 수 있을까요? 책을 읽으시는 선생님들도 강사나 전문가들마다 용어를 다르게 사용해서 혼란스러울 수도 있을 것 같아요."

"저는 미션은 삶의 방향, 비전은 삶의 방향대로 살았을 때 미래 어떤 시점의 모습, 목표는 비전을 실현할 수 있도록 도와주는 도구, 삶의 징검다리 같아요."

"저는 예를 들어서 설명해보면, 미션은 아버지로서 '신뢰를 주고 든든한 울타리가 되어주는 아빠가 되겠다'처럼 삶의 지표가 될 수도 있는 거라고 생각해요. 비전은 미션 안에서 그리는 모습이 있을 텐데요. 요즘 제가 꿈꾸는 게 단독주택으로 이사해서 아이랑 하고 싶은 것도 맘껏 하고, 공간도 만들어 주는 거거든요. 목표는 그런 집으로 이사 가기 위해서 저축하는 것처럼 뭔가 더 구체적으로 해야 하는 건데, 그래서 목표는 미션과 비전을 이루기 위한 구체화된 계획이란 의미도 있다고 생각해요."

"구체적인 역할로 설명을 하니까 더 와 닿네요."

"저는 죽기 전까지 어떤 이미지로 살 것인지가 미션이고, 죽는 순간까지 걸어가는 모습이 비전이고, 비전을 이루기 위해서 해야 할 것들이 목표라고 생각해요."

"이 말씀을 들으며 인생은 살아가는 게 아니라 죽어가는 거라는 표현도 떠올랐어요. 어떻게 살지 궁금하면 어떻게 죽을지 고민해보라는 말도 있는데, 지금까지 말씀을 들어보면 미션, 비전, 목표의 구분이 '어떻게 살 것인가?'에 대해 얼마나 구체적인가, 즉 구체성이 기준이 되겠네요. 셋을 가르는 기준이 모호하겠지만 셋 중에 가장 추상적인 것이 미션, 가장 구체적인 것이 목표라는 데 대부분 동의하시는 것 같고요."

"어쩌면 목표는 그야말로 목표, 비전은 목표의 목표, 미션은 목표의 목표의 목표, 이런 의미로 생각할 수도 있겠네요. 결국 이번 시간에는 '비전'이라는 이름으로 목표와 미션 사이의 구체적인 모습을 찾을 수 있도록 도와준다면 자연스럽게 사명, 비전, 목표가 연결될 것 같아요."

② 수업 목표와 기대 사항

다섯 번째 수업의 목표는 다음과 같습니다.

- ◆ 비전이란 무엇인지 알게 하기
- ◆ 비전을 그려보는 것의 중요성 알게 하기
- ◆ 자신의 비전을 그려보게 하기

나아가 학생들이 수업을 듣고 아래와 같이 생각하거나 말한다면 수업 목표를 달성했다고 말할 수 있을 것 같습니다.

- ◆ 아! 비전이란 이런 것이구나!
- ◆ 진로를 고민할 때 비전을 그려보는 것이 중요하구나!
- ◆ 비전을 그려보니 진로에 대해서도 더 잘 알겠다!

2 수업 진행

① 수업 대본과 진행 노하우

이번 시간도 간단한 게임과 함께 수업을 열어볼까 합니다. 이름하여 스케치 퀴~즈!

학생1 예~~ 좋아요, 좋아요!

이번 게임의 핵심은 바로 여러분의 표현력이에요. 특정 단어를 그림으로 표현하고 어떤 그림인지 맞히는 게임인데요, 자세한 규칙을 설명해줄게요.

첫 번째 규칙. 먼저 조 안에서 정답을 맞힐 사람 한 명을 선발해 주세요. 이 친구들은 정답을 볼 수 없어요. 팀원들이 정답을 그림으로 표현해 주면 그려진 그림을 보고 어떤 단어인지 맞히는 역할을 하게 될 거예요. 각 팀의 정답을 맞히는 사람은 의자와 펜을 들고 앞으로 나와 주세요(자세한 자리 배치는 아하! 포인트를 참고해 주세요).

두 번째 규칙. 정답을 맞히기로 한 사람 외에 나머지 사람이 그림을 그릴 거예요. 그림을 그릴 친구들은 어떤 순서로 그릴 건지 정해주세요. 순서 정하는 시간을 30초 줄게요. (30초 후에) 30초가 지났습니다. 순서가 정해졌으면 이제 게임을 진행해볼게요.

세 번째 규칙은 한 명당 그림을 표현할 수 있는 시간은 단 5초라는 것. 그리고 제가 "전달하세요"라는 신호를 주면 마지막에 그림을 그리는 사람은 다 완성하지 못했더라도 정답을 맞히는 사람에게 전달해야 합니다. 정답을 맞히는 사람은 그림을 보고 10초 안에 정답을 쓰면 됩니다. 규칙 다 이해했죠?

마지막으로 주의할 점은 그림을 그리는 스케치 퀴즈인 만큼 절대 말을 해서는 안 돼요. 혹시라도 정답을 말로 표현하거나 힌트가 될 만한 말을 하면 실격이니 주의해 주세요! 자 그럼 연습게임 한번 시작해 볼까요?

아하! 포인트

상황에 따라 스쿨형, 조별형 자리배치로 활동이 가능합니다. 1~7번의 진행순서대로 순차적으로 진행될 수 있도록 자리를 조정해 주세요.

스쿨형 자리 배치

그룹형 자리 배치

1~6 그림을 표현하는 팀원 및 순서(화면이 보이게 앉기)
7 팀별 마지막 주자(화면을 등지고 앉기)

첫 번째 문제의 주제는 가수입니다. 정답 공개 후 시작하겠습니다.

(화면에 정답을 공개, 정답: BTS)

자 다들 확인하셨죠? 그럼 여러분의 표현력을 기대해 볼게요~

학생1 아~ 어떻게 표현하지…!?
학생2 쉽다, 쉽다!

자 그럼 시작하겠습니다. 시작! 5, 4, 3, 2, 1 넘기세요!

학생1 빨리! 빨리!

5, 4, 3, 2, 1 넘기세요! (마지막 표현하는 팀원까지 전달 후) 자 이제 마지막 주자에게 전달하세요. 마지막 주자는 정답을 써야 해요. 10, 9, 8, 7, 6, 5, 4, 3, 2, 1

학생1 뛰어!

자 이제 정답 확인해볼까요? 1조! 아… 아쉽네요. EXO라고 적었어요.

학생1 아… 7명이잖아…

다음 2조 정답 확인해볼게요. 2조 러블리즈?

학생1 푸하하하

학생2 야, 이렇게 그리면 어떻게 알아!

자, 나머지 조들은 정답을 맞혔네요. 정답은 BTS였습니다!

학생3 예~~ 잘했어, 잘했어!

학생4 완전 잘 그렸지? 오예~~

다음 문제 드릴게요. 주제는 영화 제목인데요. 순서를 바꾸고 싶은 사람들은 바꿔도 좋아요. 준비됐으면 시작할까요?

학생 일동 네~ 빨리 시작해요, 선생님!

두 번째 문제 정답 공개할게요. 두 번째 문제 정답은!?

(화면에 정답을 공개, 정답: 어벤져스)

자, 모두 확인했으면 시작하겠습니다. 시작! 5, 4, 3, 2, 1 넘기세요! (이전과 동일하게 진행) 이번에도 정답을 하나씩 확인해 볼게요. 먼저 1조! 아이고 아까워라… 아이언맨!

학생1 아… 옆에 다른 캐릭터도 있잖아…

다음 2조! 와우, 이건 정말 표현을 너무 잘했네요. (정답을 가리고 그림을 보여주며) 여러분도 한번 보실래요? (타노스 건틀릿을 표현한 그림)

학생1 오! 우리도 저거 그릴걸…
학생2 우와, 진짜 퀄리티 좋은데. 역시~

근데 정답을 피구왕 통키라고 적었네요.

학생1 푸하하하~
학생2 야, 장난하냐! 이걸 틀리면 어떡해!
학생3 손가락을 펴고 불꽃을 그리니까 헷갈렸지.
학생2 영화라니까 영화!

자, 다음 문제. 이번 주제는 인물!

학생1 네!? 인물 너무 어려워요.
학생2 선생님 무리에요, 무리!

전 여러분을 믿습니다. 할 수 있어요. 그리고 이번 문제는 마지막 문제이기 때문에 더 철저하게 진행하겠습니다. 정답을 맞히는 마지막 주자는 종이가 전달되기 전까지 고개를 들면 안 됩니다. 알겠죠? 종이가 전달될 때까지 고개를 숙이고 기다려야 해요! 자, 준비됐으면 정답 공개할게요. 정답은!?

(화면에 정답을 공개, 정답: 'OO선생님'(본인))

학생1 아~ (유심히 관찰)
학생2 오케이~ 오케이~

시작! 5, 4, 3, 2, 1 넘기세요! (이전과 동일하게 진행) 마지막 주자에게 전달하세요! 10, 9, 8, 7, 6, 5, 4, 3, 2, 1! 과연 몇 팀이나 정답을 맞혔을지 볼까요?! (그림을 보여주며) 1조… 이거 얼굴형 그린 사람 누구야… 누가 이렇게 넙죽하게…

학생1 풉!
학생2 똑같은데요!? 하하~

(그림을 보여주며) 2조… 이거 왜 3등신이야….

학생1 푸하하하!
학생2 아, 웃겨!

저는 상처를 받긴 했지만… 놀랍게도 모든 조가 정답을 맞혔네요. 정답은 ○○선생님 저였습니다.

학생1 선생님 실물이 훨씬 나아요~
학생2 상처받지 마세요~ 게임이잖아요~~

전혀 위로가 되진 않네요. 무엇보다 모든 팀이 정답을 맞혔다는 게 더 충격적이네요. 스케치 퀴즈는 여기까지 하겠습니다. 사실 스케치 퀴즈를 진행했던 이유는 이번 시간의 주제 때문이기도 해요. 이번 수업 주제는 바로 '비전'인데요, 비전은 단순히 미래를 생각하는 것이 아니라 마치 선명히 보이는 사진처럼 구체적으로 상상하는 것이 핵심이에요. 눈 앞에 펼쳐진 실제 상황처럼 생생히 그려놓은 비전이 있나요? 아마 원하는 미래를 생생하게 그려놓은 친구들은 비전을 그림으로 표현하거나 말로 설명하는 것이 훨씬 쉬울 거예요. 방금 우리가 했던 활동처럼 말이죠. 여러분 앞에 실제로 생생하게, 구체적으로 보이는 선생님을 그릴 때 다른 그림을 그리는 것보다 조금 더 수월했을 거예요.

Vision의 어원을 살펴보면 '보다'를 뜻하는 라틴어 'Video'에요. 표준국어대사전의 뜻으로 봐도 비전은 '내다보이는 장래의 상황'이라고 나오네요. 그야말로 미래를 미리 보는 것을 의미하죠. 그리고 비전, 목표를 연구하는 많은 전문가들은 비전을 얼마나 뚜렷하게 상상하고 계획하느냐에 따라 우리의 실제 행동 변화에도 영향을 준다고 말합니다.

이번 시간에는 비전을 그리는 것이 나에게 얼마나 큰 변화를 만들어 내는지 확인하고, 그렇다면 정말로 내가 원하는 미래는 무엇인지 함께 고민하고 그려보는 시간을 가져 볼게요.

여러분, 전 세계에서 사람들이 가장 많이 여행한 도시가 어디일까요? 참고로 2018년에 조사했다고 해요.

학생들 (자유롭게 대답)

네, 2018년에 가장 많은 여행객이 여행한 곳은 홍콩이래요. 다음으로 많이 간 곳은 방콕, 런던. 서울은 24위였네요. 여러분은 여행 좋아해요? 선생님은 ○○에 가 본 적이 있는데 ○○이 정말 좋더라고요. 그리고 언젠가 ○○에도 꼭 가보고 싶어요. 여러분은 혹시 살면서 꼭 가보고 싶은 곳이 있나요?

학생들 (자유롭게 대답)

자, 지금부터 우리 여행계획을 한 번 세워 볼게요. 먼저 선생님이 짜 본 여행계획이에요.

(선생님이 먼저 화면에 본인의 여행계획을 보여주고, 간단하게 설명합니다. 미리 지도를 나눠주고 실제로 가보고 싶은 곳을 중심으로 코스를 짜고, 중간중간 해당 장소의 사진도 보여주면 더 효과적입니다)

먼저, 가보고 싶은 곳을 지도에 표시해보세요. 그리고 각각의 여행지를 쭉 이어서 여행코스를 짜보세요. 시간은 노래 3곡이 재생되는 동안! (3곡이 끝나면) 자, 본인이 계획한 여행코스를 옆자리 친구에게 설명해 주세요.

아하! 포인트

적극적인 학생이 있으면 발표를 제안하여, 함께 공유하는 방법도 좋습니다.

자, 이번에는 조금 특별한 여행코스를 계획해볼게요. 여러분 나눠 준 지도에 각자 여러분만의 인생 여행계획을 세워 볼게요. 먼저 선생님이 계획한 'AHA 인생 여행패키지' 코스예요. (화면에 선생님의 결과물을 먼저 보여주고 간략하게 설명해줍니다)

선생님이 계획한 코스를 여행해 보고 싶지 않나요? 자, 그럼 지금부터 여러분 각자의 인생 여행계획을 짜 볼게요. 먼저, 여러분이 살면서 이런 삶을 살았던 사람으로 기억되고 싶은 모습을 목적지에 먼저 넣어볼게요. 인생에서 우리가 생각하는 끝 그림, 목적지를 '사명(미션, 소명, 목적)'이라고 해요. 그리고 중간중간 '내 모습이 이런 모습이었으면 좋겠다'라는 이미지가 있으면 채워 넣어볼게요. (이미지는 그림으로 그려도 되고 스티커나 기타 이미지를 오려서 붙이는 것도 괜찮아요)

이렇게 내가 살면서 기대하는 나의 모습을 '비전'이라고 해요. 단, 아까도 이야기했던 것처럼 우리가 상상하고 표현할 수 있는 최대한의 구체적인 모습으로 표현하면 좋을 것 같아요. 지금부터 시간은 충분히 노래 4곡 재생되는 동안 각자의 'AHA 인생 여행패키지' 코스를 완성해볼게요.

우리 각자의 비전을 생각하며 AHA 인생 여행패키지 코스를 짜봤는데요, 중간에 살펴보니 다들 너무 개성 있게 잘 표현했더라고요. 여러분이 어떤 비전을 그렸는지 너무 궁금한데요. 간단히 공유해 보는 시간 가져볼게요. 혹시 자신의 비전을 간단히 소개해 줄 수 있는 사람 있을까요?

아하! 포인트

자발적 참여를 위해 소소한 상품을 혜택으로 제공해도 좋고, 적극적인 학생이 있으면 발표 의사를 물어보는 것도 좋은 방법입니다.

이야기해준 모든 친구들 너무 고마워요. 이야기를 들으며 '정말 다양한 미래를 꿈꾸고 있구나' 싶었고, 여러분의 미래를 너무 응원하고 싶은 마음

도 드네요.

아까 선생님이 말한 ○○여행 있잖아요? 첫 번째 여행지 공항에서부터 캐리어가 다른 사람 것과 바뀌는 바람에 엄청 애먹었던 기억이 나요. 첫 단계부터 계획대로 되지 않더라고요. 처음 가 본 여행지에서 길을 잃고 헤매기도 하고, 꼭 가고 싶었던 박물관은 임시휴관이라 목적지에는 가보지도 못했어요. 그래도 다행히 박물관 가는 길 풍경이 좋아서 그 기억은 오래 남더라고요. 돌아보면 다 좋은 추억인데 그땐 많이 힘들었던 기억이 나요. 엄마 생각도 나고. (웃음)

이렇게 보니까 여행과 우리 삶이 닮은 부분이 참 많네요. 계획대로 되지 않을 때도 많고, 중간에 길을 잃고 헤매기도 하지만, 돌아보면 좋은 경험이 되기도 하고. 목적지(결과)도 중요하지만 과정을 즐기는 것도 중요하고요. 지금 생각해보니 남는 것은 여행 중간중간의 멋진 풍경, 함께 한 사람들과의 좋은 대화, 표정, 추억, 여행의 설렘이네요. 여러분도 인생이라는 단 한 번의 여행에서 좋은 풍경, 가슴 뛰는 비전 많이 담아가시길 바랄게요.

② 다양한 전달 방법들

● 나무 한 그루 상상하기로 비전 설명하기

모두 눈을 감고 나무 한 그루를 떠올려 보라고 합니다. 야자나무, 소나무, 은행나무, 대나무 등 여러 나무의 이미지를 보여주며 어떤 나무를 떠올렸는지 확인합니다. 이후 '나무 한 그루'라는 글씨를 보여주며, 글씨로 떠올린 학생이 있는지 확인합니다. 우리의 뇌는 텍스트보다 이미지를 떠올리기가 더 쉽기 때문에 비전을 '그린다'라고 표현한 이유를 설명합니다.

● 비전 보드

'비전 보드' 만들기는 이루고 싶은 미래의 모습을 사진을 이용하여 '이미지화'하는 활동입니다. 앞에서 말했듯이 비전에서 중요한 개념은 이미지화입니다. 비전에 대한 개념을 이해한 후 5년 또는 10년 동안 이루고 싶은 꿈의 목록(버킷리스트)을 작성하고, 이를 상징할 수 있는 사진을 보드에 붙입니다. 진로 교육을 여러 번 접한 청소년의 경우 꿈의 목록(버킷리스트)은 익숙한 내용이기에 설명은 간단히 하고 이를 이미지화하는 것이 왜 중요한지를 강조합니다. 사전에 본 활동이 진행됨을 안내한 후 '잡지'와 같은 도서를 미리 준비하여 진행할 수도 있으며, 인터넷을 활용하여 원하는 이미지를 출력하여 보드에 붙일 수도 있습니다. 만약 개인용 노트북, 태블릿을 사용할 수 있다면 비전 보드를 만들 때 활용할 수 있을 뿐 아니라 완성된 비전 보드를 커뮤니티를 통하여 게시하고 서로의 이야기를 발표할 수 있습니다.

● 잡지 표지 만들기

　잡지 인터뷰는 유명 잡지에서 인터뷰하는 자신의 미래 모습을 상상하며 작성하는 활동입니다. 지난 시간 '미래 설계' 활동 중 하나인 '미래 인터뷰'와 연결하여 진행할 수 있는 활동이며, 지난 활동과 별개로 진행하여도 괜찮습니다. 본 활동의 주요 내용은 내가 유명인이 된 후 특정 시간과 장소에서 인터뷰하는 모습을 상상하여 잡지 표지를 만드는 것입니다. 잡지 표지에 실린 나의 모습과 헤드라인은 무엇일지 생각하고 작성함으로써 미래의 나는 어떠한 영향력을 끼치는 사람이 될지에 대해 생각하는 시간을 갖는 것이 중요합니다.

출처 : 2018년 10월 TIME 표지

● 8컷 웹툰 만들기

　자신의 인생을 한 편의 영화로 만드는 활동으로, 자신이 각본가, 감독 그리고 주인공이 됩니다. 본 영화의 등장인물과 스토리를 구상한 후 이를 종이에 그림과 글로 표현합니다. 미래 한 시점의 이야기를 표현해도 좋으며, 시간의 흐름에 따라 스토리를 구상해도 좋습니다. 학생들이 좋아하는 웹툰 형식으로 표현하는 것도 재미있는 방법이며, 이렇게 하면 조금 더 쉽게 작성할 수 있습니다. 8컷의 프레임을 준비한 후 (활동 시간에 따라 컷 수는 변경 가능합니다) 각 프레임에 자신이 원하는 이야기를 웹툰 형식으로 표현합니다. 웹툰이라는 용어가 학생들에게 흥미로울 수 있으나, 재미로만 표현하지 않도록 적절한 예시와 더불어 본 활동의 의미를 설명하는 시간을 갖는 것이 중요합니다. 웹툰으로 표현할 때도 영화제작처럼 등장인물과 시놉시스를 작성하는 시간을 가져봅니다.

- **꿈의 목록(버킷 리스트) 작성하기**

배워보고 싶은 것, 방문하고 싶은 도시(나라), 만나보고 싶은 사람, 해보고 싶은 것 등에 대해서 시간과 돈의 제약이 없다고 생각하고 적어보게 합니다. 목록으로 적어도 좋고 마인드맵 형식으로 그려보게 해도 좋습니다. 또는 핵심적인 내용이 담긴 그림으로 표현하게 할 수도 있습니다. 앞으로 해보고 싶은 경험에 대한 내 생각을 자유롭게 표현하면서 짧게나마 나는 어떻게 살고 싶은지에 대한 성찰을 할 수 있게 됩니다. 이렇게 관심이 있는 것들을 적어보고 삶에서 경험해가는 과정을 통해 내가 정말 좋아하는 것이 무엇인지, 어떤 일을 하면서 살아가면 행복할 것인지를 자연스럽게 알아갈 수 있는 기회가 됩니다.

③ 알아두면 쓸 데 있는 이론과 개념

- **그림 우월성 효과와 이중부호화 이론**

'그림 우월성 효과picture superioroty effect'란 말이나 글보다 그림을 더 오래 기억하고, 더 많이 기억할 수 있다는 심리학 용어입니다. 이중부호화 이론 역시 어떠한 것을 기억할 때 그림과 연결하면 더 효과적이라는 것을 뒷받침하는 이론입니다. 상상 속에 펼쳐진 비전을 그림으로 표현해보고, 그 그림을 다시 기억할 수 있도록 하는 활동의 근거가 될 수 있습니다.

● 심상 훈련과 시각화 전략

'심상心像'은 기억과 상상 또는 외적 자극에 의하여 의식에 나타난 직관적인 표상을 말합니다. 실제로 일어난 일은 아니지만 그런 경험과 비슷하게 마음에 생기는 모습입니다. 시각화 전략은 심상을 활용한 훈련 방법 중에서 특히 시각적 경험을 활용하는 전략입니다. 심상을 만들기 위해서는 청각, 시각, 후각, 미각, 촉각, 운동감각, 공간 감각 등의 구체적인 감각 경험이 매우 중요합니다. 그런데 이러한 감각 정보의 70~80%는 시각 정보로 들어옵니다. 심리학자 스티븐 마이클 코슬린의 실험에서도 심상의 3분의 2가 시각적인 것이었다는 보고가 있습니다.[7] 나아가 시각적인 정보는 다른 정보들에 비해 쉽게 감각 기억에 저장되고, 이러한 정보가 '심상 훈련imagery training'을 통해 정교화되면 학습자의 기억 과정에서 효율적으로 활성화됩니다. 비전을 다양한 형태의 이미지로 정리하는 방식은 이러한 심상 훈련과 시각화 전략을 활용한 것입니다.

---

[7] 〈기억 전략 기반 심상 훈련이 유아의 의사소통 발달에 미치는 영향〉, 김슬아 (2017). 박사학위 논문. 우석대학교

3 진로 상담 Tip

"선생님 이거 혹시 엄마가 보게 되나요?"

비전을 마인드맵 형식으로 그리던 중에 한 학생이 실제로 한 질문입니다. 왜 그런 질문을 했는지 호기심이 생기기보다 안타까운 감정이 먼저 밀려왔습니다. 혹시 섣부른 오해일 수도 있겠다 싶어서 마음을 추스르고 대화를 이어갔습니다.

"엄마가 보게 될지 신경이 쓰이나 보구나. 혹시 어떤 것 때문에 신경이 쓰여?"
"엄마가 보는 거면 그냥 엄마가 저한테 원하는 직업으로 그리려고요."

온몸이 몇 배는 무거워지는 것 같은 막막함과 답답함이 아직도 느껴집니다. 슬펐습니다. 엄마 눈치를 보느라 마음껏 꿈꾸는 것조차 할 수 없어 보여서 더 안타까웠습니다.

"선생님이 네가 그린 건 안 걷어갈 테니까 네가 진짜 하고 싶은 걸로 한 번 그려봐. 담임선생님이 혹시 제출 안 했다고 뭐라고 하시면 내가 잘 말씀드릴게."

어떤 모습이라도 학생들이 정말 마음껏 상상할 수 있는 미래를 그려볼 수 있도록 도와주십시오. 어른들의 기준을 갖고 평가하기보다 학생들이 상상하는 미래 그 자체를 수용해주길 바랍니다. 이번 수업 시간에 그려본 미래가 스스로 마음에 들지 않는다면 또 다른 꿈을 꿔도 좋다고 말해주십시오. 어른들이 원하는 미래가 아니라 자기가 원하는 미래를 생각해보라고, 정답을 그려야 하는 시험이 아니라 어떤 걸 그려도 괜찮은 실험이라고 말해주세요.

"선생님, 저는 막상 이런 걸 생각하다 보니까 이게 진짜 내가 원하는 건지 잘 모르겠어요."

공감하기
"좋은 발견을 했네. 오늘 이만큼이라도 생각해보고 그려보니까 알 수 있게 된 거네."

확인하기
"혹시 어떤 부분에서 그런 생각이 들었어?"
"잘 모르겠는데요. 그냥 뭔가 내가 진짜 원하는 게 맞나 싶어요. 다른 사람들 시선을 너무 신경 쓴 거 같기도 한데 그렇다고 아예 신경 쓰지 않을 수도 없잖아요. 잘 모르겠어요."

질문하기 또는 정보 공유하기
"그럼 만약에 부모님, 다른 사람들, 사회적인 시선, 돈, 시간, 아무것도 신경 쓰지 않아도 되면 뭘 하고 싶어?"

실제 상담에서 들은 대답은 그냥 놀고 싶다는 것이었습니다. PC방을 차려서 게임을 하며 노는 게 꿈이라는 학생을 만나면 뭐라고 하실 건가요? 일장 연설을 하고 싶은 마음이 턱 끝까지 차오를 수도 있습니다. 이 책을 읽고 계신 선생님께서는 걱정하거나 신경 쓸 게 아무것도 없다면 당장 뭘 하고 싶으신가요? 어떤 인생을 살고 싶나요? 일단 잠깐 여행이나 다녀오고 싶으신가요? 온종일 실컷 잠이나 자고 싶지는 않나요? 걱정하거나 신경 쓸 게 잔뜩 있는데 그런 상상은 어떻게 하냐고 하소연하고 싶나요? 학생들은 어떨까요? 마음껏 꿈꾸기에는 부모님 눈치도 보이고, 선생님께 잘 보이고 싶기도 하고, 친구들한테 인정받고 싶은 마음이 앞서지는 않을까요? 어쩌면 학생들은 아직 마음껏 꿈꿀 준비조차 되지 않은 것일 수도 있습니다. 놀고 싶다고 하면 뭐하면서 놀고 싶으냐고 더 물어보는 것을 추천드립니다. 실컷 게임을 하고 나면 그다음에 뭐하고 싶냐고 물어보고 들어주시기 바랍니다. 또 그게 끝나면 그다음에는 뭐하고 싶은지, 또 그다음에는? 또 다음에는? 더 이상 대답이 나오지 않을 때쯤 이렇게 물어볼 수 있습니다. "그럼 하고 싶은 거 다 한 거 같은데 죽어도 괜찮겠어?" 자신 있게 "네!"라고 외치는 학생들도 실제로 만나 봤습니다. 오히려 짠했습니다. 오죽하면 그랬을까요? 대부분의 학생들은 그냥 죽기는 좀 아깝다고 했습니다. 그럼 다시 물어봅니다. "그럼 뭘 더 하고 싶은데?" 그때서야 자기가 정말 하고 싶은 것을 고민하기 시작하는 경우도 있습니다. 꿈꾸는 인생을 상상하는 것조차 버거운 학생들에게 먼저 해방감을 느낄 수 있게 해주는 것은 어떨까요?

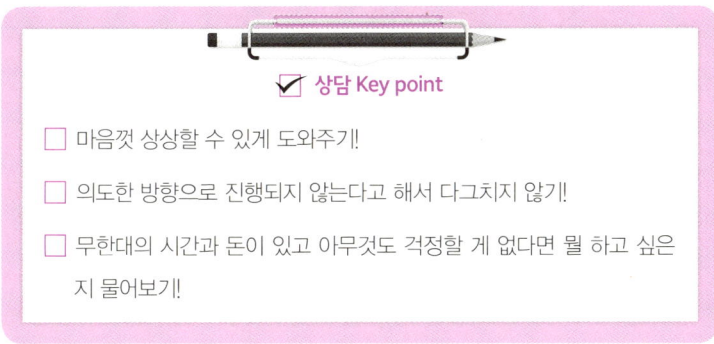

☑ 상담 Key point

☐ 마음껏 상상할 수 있게 도와주기!

☐ 의도한 방향으로 진행되지 않는다고 해서 다그치지 않기!

☐ 무한대의 시간과 돈이 있고 아무것도 걱정할 게 없다면 뭘 하고 싶은지 물어보기!

4 주제와 관련된 사례

① 카카오 의장 김범수

대한민국 스타트업 신화 김범수 카카오 의장. 그는 2021년 블룸버그 선정 세계 500대 부자에 포함되어 한국인 중 최고 부자로 등극하였으며, 특히 부모에게 물려받은 재산과 배경 없이 우리나라 1위 부자가 됨으로써 스타트업을 꿈꾸는 청소년의 롤모델이 되었습니다. 거기에 자신의 재산 절반 이상을 사회문제 해결을 위해 기부하겠다는 뜻을 밝히며 다시 한번 대중들을 놀라게 했습니다.

김범수 의장은 '남들이 보기에만 그럴듯해 보이는 삶'을 경계하라고 말합니다. 그래서 젊은이들에게 악착같이 살지 말라고 조언하기도 하는데 이는 열심히 살면 안 된다는 뜻이 아니라 자기에게 맞지 않는 것, 남의 눈 때문에 원하지 않는 일을 악착같이 해가면서 살지 말라는 뜻입니다.

1996년 그는 삼성 SDS에서 유니텔을 성공으로 이끌었지만 입사 5년 뒤 비전이 보이지 않았습니다. '10년 후 내 모습이 이래도 될까'라고 스스로에게 질문했고 그는 과감한 결정을 하였습니다. 퇴사 후 PC방 개인사업을 성공시키고, 온라인 게임회사 한게임을 창업합니다. 그는 한게임 또한 크게 성장시키고 2000년에 네이버와 합병하면서 NHN 공동대표가 되었습니다. 누가 보아도 이미 크게 성공한 상황이었지만 그는 2007년 NHN 대표직을 사퇴하고 또다시 새로운 도전을 준비하였습니다. 새로운 도전 중 하나가 우리가 잘 알고 있는 카카오입니다. 카카오는 이후 다양한 서비스 분야에서 큰 인기를 끌며 2021년 기준 시가총액 68조의 대한민국 대기업이 되었습니다.

모두가 부러워하던 NHN 대표직을 내려놓고 새로운 도전을 시작할 때 김범수 의장은 이렇게 말하였습니다. "배는 항구에 정박해 있을 때 가장 안전합니다. 하지만 그것이 배의 존재 이유는 아닙니다. 저는 창업을 한 것에 대해 성공하든 실패하든 후회하지 않습니다. 창업할 때의 설렘이 있거든요. 영화감독이 영화를 만들거나 지휘자가 곡 하나를 완성할 때의 느낌이랄까. 오케스트라 지휘자가 되어 단원들과 함께 땀 흘려 연습해서 결국엔 화음이 다 맞게 연주가 나오는 느낌이에요. 머릿속에 있던 상상을 현실화시키는 과정이 정말 매력적이에요."

김범수 의장은 2020년 카카오톡 서비스 출시 10주년을 맞아 "카카오의 지난 10년이 '좋은 기업Good Company'이었다면 앞으로 10년은 '위대한 기업Great Company'으로 이끌어줄 것입니다"라고 비전을 제시했습니다. '대한민국에 없는 회사를 한번 지향해 보자!'가 카카오를 창업한 계기였던 김범수 의장은 앞으로 10년은 위대한 기업으로 '기업이 선한 의지를 갖는다면 확실히 더 나은 세상이 되는데 근접할 수 있다'라는 비전을 직원들과 함께 나누었습니다.

한 인터뷰에서 자신을 '꿈을 꾸는 사람, 호기심 많고 상상으로 뭔가를 이루려는 사람'이라고 말했던 김범수 의장은 자신의 삶을 통해 비전을 그려보는 것이 얼마나 중요한지를 보여주고 있습니다.

② 박주원 강사의 비전 이야기

2008년에 한 교육과정에서 삶의 목적을 문장으로 만드는 활동을 하게 되었습니다. '화산과 같은 에너지로 재주를 나누는 사람, 볼케이노 재인才人' 이 문장이 그 당시 만들었던 것이었고, 지금까지 이 목적처럼 살고자 노력하고 있습니다. 이 문장이 제게는 진정한 나침반의 역할을 해주었다고 생각합니다. 2011년 프리랜서로 독립해서 강의와 코칭을 본격적으로 하기 시작했을 때 재주를 나눌 수 있어서 신이 났던 기억이 납니다. 주로 청소년들을 만나서 강의를 하면서 재미와 의미를 동시에 주는 시간으로 만들고자 최선을 다했던 그때가 생생합니다.

학생들에게 비전을 강의하면서 내가 원하는 미래의 모습도 함께 그려볼 기회가 생겼습니다. 그 당시 제가 그리고 썼던 많은 자료를 보면 '뮤지컬 배우가 되고 싶다', '라디오 DJ를 하고 싶다'라는 내용이 빠지지 않고 들어가는데요, 결국 이 두 가지를 모두 이뤘습니다. 제가 담당하던 교육과정에 라디오방송 PD님이 참가자로 오셨는데 지금 DJ를 모집하고 있다는 이야기를 듣게 되었고 지원하여 DJ로 활동하게 되었습니다. 그 후 한 뮤지컬 극단의 오디션도 우연히 공고를 접했고 어떻게 준비해야 하는지 고민이 되었지만 과감히 도전하여 극단에 들어갈 수 있었습니다.

오래전이었지만 미래의 모습을 그려보고 적어놓았던 그 시간이, 그리고 끊임없이 사람들에게 제 꿈을 이야기했던 그 과정들이 제가 비전을 세우고 이룰 수 있도록 해준 원동력이 되었다고 생각합니다. 시기는 조금 달랐지만 라디오 DJ와 뮤지컬 배우 생활을 7년간 하면서 정말 행복하고 충만한 시간을 보냈습니다. 도전하지 않았다면 얼마나 아쉽고 후회가 되었을까 하는 마음이 들 정도로 스튜디오에서 보냈던 즐거운 시간들과 무대에서 뜨겁게 불태웠던 열정은 제 삶에서 잊지 못할 추억이 될 것입니다.

지금 저는 독일에서 살고 있고 제 삶의 2막이 이곳에서 열렸다고 생각합니다. 여기에서는 초등학생들에게 한글과 한국 문화를 가르치는 역할을 하고 있고 성인을 대상으로 유럽에서 열리는 온라인 강의도 활발하게 하고 있습니다. 또한 재주를 나눌 수 있는 기회가 생길 때마다 열심히 준비하여 도전하고, 성취하고 있습니다. 올해 초에는 유럽에서 열리는 글로벌 온라인 콘퍼런스에서 영어로 45분간 워크숍을 진행하는 도전을 성공적으로 마쳤습니다. 또한, 지역 영어연설대회에 출전해서 3등 상을 받았습니다. 이 모든 것이 방향을 세우고 미래의 모습을 구체적으로 상상하며 살아온 삶이었기에 가능했다고 믿습니다. 그리고 앞으로도 꾸준히 도전하고 때로는 실패하더라도 이를 배움으로 삼아 더욱 성장하는 그런 사람이 되고 싶습니다. "나는 정말 화산 같은 에너지로 재주를 나누면서 살았어!" 하고 자신 있게 말할 수 있는 그런 삶을 살고 싶습니다.

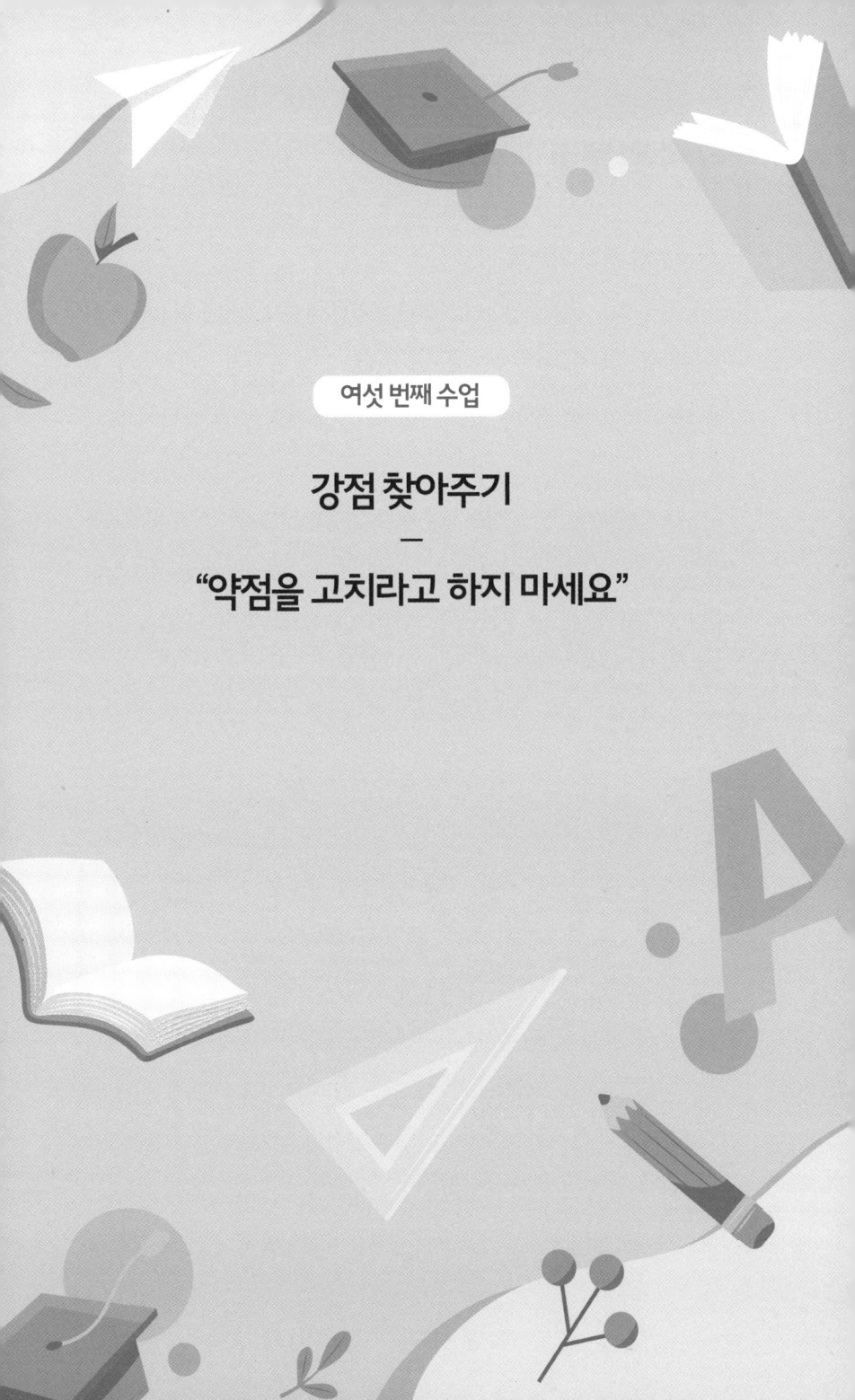

여섯 번째 수업

강점 찾아주기

—

"약점을 고치라고 하지 마세요"

1 수업 준비

① 수업 준비 회의록

"이번 수업은 지난 수업까지 그렸던 미래를 자신의 강점을 활용해서 실현하면 좋겠다는 의도가 담겨있어요. 'AHA 진로'가 강점 기반의 진로 탐색 프로그램이라는 것도 이번 수업에서 가장 잘 드러난다고 생각해요."

"그런 의미에서 이번 수업의 이론적 배경이 되는 강점 개념을 선생님들께 잘 설명해드리면 좋을 것 같아요. 저희가 큰 틀로 참고했던 마커스 버킹엄의 강점 개념이 자연스럽게 다음 수업부터 나오는 직업 흥미, 직업 적성, 직업 가치관과 연결되니까요."

"'AHA 진로' 프로그램은 청소년들이 '아하!'하고 외칠 수 있는 진로를 찾게 도와주는 것이 목적이에요. 거기에 자기의 강점을 발휘하면서 진로를 만들어 가도록 돕는 거죠. 이론적 근거는 마커스 버킹엄의 연구 결과를 인용했어요. 마커스 버킹엄은 20여 년 동안 갤럽에서 근무한 경험을 바탕으로 강점 발견 프로그램 '스트렝스 파인더 Strengths Finder'를 고안해 낸 사람이에요. 2002년 미국 심리학회에서 '강점 심리학의 아버지'로도 불릴 정도였다고 하네요. 2005년에 발간한 책《위대한 나의 발견 강점 혁명》이 한국에서도 붐을 일으키면서 더 널리 알려진 그야말로 강점 전문가라고 할 수 있어요. 그는 강점을 '강하다고 느끼게 하는 활동'으로 정의하는데요, 그래서 강점과 관련된 구체적 활동을 이해하려면 일상생활에서 실제 활동을 어떻게 느끼는지 정확하게 파악해야 한다고 주장해요. 활동을 하기 전, 하는 중, 하고 난 후의 감정을 주의 깊게 관찰하는 거죠."

"자기감정을 관찰한다는 건 '알아차림self-awareness', '메타인지meta cognition(인지 과정 중에 스스로 아는 것과 모르는 것을 구분하여 보완점을 찾아 자신을 조절할 줄 아는 지능)'이기도 하네요."

"맞아요. 결국 자기가 '아하!' 할 수 있는 진로를 찾는다는 건 주의를 기울여서 자기를 성찰해야만 가능할 수도 있겠죠."

"마커스 버킹엄의 강점 발견 방법 중에 이거다 싶었던 것이 'SIGN'으로 표현하는 '네 가지 점검 신호'라는 건데요. 자신에게 느껴지는 신호 같은 느낌을 감지하면 강점이 무엇인지 명확하게 알 수 있다는 거죠. SIGN은 'Success(성공)', 'Instinct(본능)', 'Growth(성장)', 'Needs(필요)'의 앞 글자에요. 첫 번째 신호 S Success는 성공적이라고 느끼는 신호에요. 무언가 잘했을 때 받는 느낌이죠. 어떤 활동에서 효과적이라고 느끼는 정도, 그래서 자기효능감으로도 설명해요. 자기효능감은 어떤 일을 성공적으로 수행할 수 있다고 믿는 기대감이죠. 그런데 이 신호는 이미 일어난 과거의 결과로부터 감지하게 되는 거겠죠. 어떤 활동을 하고 누군가로부터 칭찬과 인정, 상을 받게 되는 경우처럼 말이죠. 그런데 우리가 알고 싶은 것은 과거가 아니라 미래잖아요. 진로를 고민한다는 것도 미래와 연결될 수밖에 없고요. 그래서 마커스 버킹엄도 강점을 단순히 '잘하는 일'로 정의 내리는 것은 불완전하다고 주장해요. 저도 이 주장에 동의하고요. 마커스 버킹엄은 극단적인 예로 엄청나게 잘하지만 전혀 하고 싶지 않은 일을 예로 들어요. 하고 싶지 않은 일인데 잘하는 일이 있다면 그 일을 그 사람의 강점이라고 해도 괜찮냐는 거죠. 그래서 강점의 또 다른 신호가 필요하다고 해요. 두 번째 신호 I(Instinct)는 본능적으로 끌리는 느낌도 필요하죠. 이유는 모르지만 어떤 일을 하는 것을 고대할 때가 있죠. 두 번째 신호는 나도 모르게 무언가에 끌리는 모습에서 감지할 수 있어요. 조금은 두렵고 떨리지만, 그런데도 끌림을 느끼는 신호죠. 세 번째 신호 G(Growth)는 활동을 하는 중에 감지할 수 있어요. 빨리 배우고, 그 일을 할 때면 집중하려고 애쓸 필요가 없을 때의 느낌이에요. 대신 자연스럽게 집중되고, 시간도 빨리 가는 것 같고, 일상적인 관점에서 벗어나서 무엇을 하고 있는지, 다른 사람들이 어떻게 생각하는지, 언제 끝날지에 대해 무심한 다른 관점을 갖는다고 표현해요. '몰입한다', '푹 빠진다' 같은 표현도 이런 느낌이에요. 네 번째 신호 N(Needs)은 '욕구'에요. 욕구를 채워주는 느낌, 신체적으로 피곤을 느낄지 모르나 심리적으로는 전혀 지치지 않는 느낌, 만족감과 회복되는 느낌, 충만한 느낌 같은 거예요. 그리고 이 감정을 계속 느끼고 싶은 의욕이 두 번째 신호 'I'로 돌아와 그 활동을 고대하게 되기도 해요. 본능을 일으켜 스스로 동기부여하고, 때로는 그 일을 할 수 있는 상황을 스스로 만들게 하기도 하죠."[8]

---

8 《강점에 집중하라》 마커스 버킹엄, 21세기북스, 2009

"AHA는 마커스 버킹엄의 네 가지 신호 중에 I, G, N을 의미해요. 여기서 첫 번째 신호 S를 뺀 것은 다분히 의도적이었어요. 'AHA 진로' 프로그램의 주 대상은 청소년인데, 이들에게 성공이라는 기준을 들이대고 싶지 않았어요. 칭찬받지 못하고, 인정에 메말라 있는 청소년들에게 가혹하다는 생각도 들었고요. 진로를 찾을 수 있는 기운을 불어넣기는커녕 좌절감을 주면 안 되잖아요. 청소년들에게는 아직 시간이 있으니 성공이라는 기준은 잠시 제쳐두자는 마음이었어요. 끌리고, 행복하고, 또 하고 싶은 일이 반복되면 반드시 행복한 성공이 따라올 거라는 확신도 있었어요. 마커스 버킹엄도 이렇게 설명해요. '연습은 성과를 끌어낸다. I가 당신을 이끌고, G는 집중시키고, N은 당신을 기분 좋게 하고, 다시 I를 자극해서 당신을 끌어들인다'라고요."

"AHA로 표현하자면 A$_{attractive}$가 이끌고, H$_{happy}$는 행복하게 하며, A$_{again}$는 기분 좋게 다시 하고 싶게 해서 또 A$_{attractive}$를 자극한다고 할 수 있겠네요. 결국 AHA를 모두 느낄 수 있는 일은 성과를 이끌 거예요. 그럼 결국 아하! 하고 무릎을 치게 되겠죠!"

"이번 수업은 강점에 대한 관점을 전환해주고, 흥미와 적성, 그리고 가치관을 강점과 연결해주는 징검다리 같은 시간이 될 거예요."

② **수업 목표와 기대 사항**

여섯 번째 수업의 목표는 다음과 같습니다.

◆ 진로를 찾아가는 과정에서 강점 활용 방법 소개하기
◆ 강점에 대한 오해를 줄여주고, 이해도 높여주기
◆ AHA의 의미에 대해서 이해시키기

나아가 학생들이 수업을 듣고 아래와 같이 생각하거나 말한다면 수업 목표를 달성했다고 말할 수 있을 것 같습니다.

◆ 강점을 잘 활용하는 것이 진로를 찾는 데 도움이 되겠구나!
◆ 강점에 대해 오해한 것들이 있었네. 나도 강점이 있는 사람이군!
◆ A, H, A를 찾으면 강점도 찾고, 진로도 찾을 수 있겠구나!

2 수업 진행

① 수업 대본과 진행 노하우

이번 시간은 OX 퀴즈로 시작할게요. 문제가 나오면 같은 조원들끼리 상의해서 5초 안에 답을 정해주세요. 정답을 맞히는 조에게 점수를 드리겠습니다. 자, 그럼 준비됐나요?

첫 번째 문제. '호랑이는 한자어이다' O일까요, X일까요? 5, 4, 3, 2, 1, 땡! 정답은 O!. 호랑이의 호는 범 호虎를 쓰고, 랑은 이리 랑狼을 써서 우리가 흔히 호랑이라고 하는 동물의 순우리말은 '범'이라고 하는 게 맞대요.

자, 두 번째 문제! '호텔의 스위트룸은 달콤하다는 뜻의 sweet 룸이다' O일까요, X일까요? 5, 4, 3, 2, 1, 땡! 정답은 X에요. 스위트룸은 영어로 suite라고 하고 room을 부치지 않아도 돼요.

그럼 세 번째 문제, '돈키호테의 이름은 키호테이다' O일까요, X일까요? 5, 4, 3, 2, 1, 땡! 정답은 O! '돈'은 스페인에서 우리나라의 성에 해당하는 단어로 돈키호테의 주인공은 키호테Quixote가 맞아요. 영국의 작가 바이런이 쓴 작품 '돈주앙'도 마찬가지예요.

네 번째 문제 갈게요. '바리깡은 일본어다' O일까요, X일까요? 머리카락을 자를 때 쓰는 기계를 바리깡이라고 하죠? 과연 정답은 뭘까요? 5, 4, 3, 2, 1, 땡! 정답은 X! 바리깡은 프랑스 이발 기구 제조회사 '바리캉 에 마르'라는 회사 이름에서 유래된 프랑스어라고 해요.

자, 마지막 문제, '샥스핀은 중국어다' O일까요, X일까요? 5, 4, 3, 2, 1, 땡! 정답은 X에요! 샥스핀은 상어의 지느러미라는 뜻으로 영어라고 해요. 중국의 3대 진미 중 하나로 꼽히다 보니 중국어인 줄 아는 사람도 많은데요, 중국어로는 '위츠魚翅'라고 한다고 하네요.

여러분 OX 퀴즈로 이번 시간을 시작해봤는데 어떠세요? 정답으로 확신했지만 아닌 것들도 있었죠? 누구나 일상에서 잘 알고 있다고 확신하는 것들을 깊이 파헤쳐보면 잘못 알고 있는 것들이 있어요.

강점도 마찬가지인데요. 그래서 이번 시간에는 '강점'이라는 것에 대해 다시 생각해볼 거예요. 누구나 한 번쯤 들어봤고, 의미를 잘 알고 있다고 생각하는 강점에 대해서 혹시 우리가 잘못 알고 있는 게 있다면 이번 기회에 제대로 알면 좋겠네요.

'강점'의 사전적 정의를 찾아봤더니 좀 황당했어요. 표준국어대사전에서는 '남보다 우세하거나 더 뛰어난 점'이 강점이라네요. 그럼 저는 강점이 아무것도 없는 것 같아요. 선생님이 뭔가를 남보다 잘한다고 생각했던 적이 없었던 거 같아요. 여러분은 어떻게 생각하세요? 강점을 사전의 뜻으로만 생각하면 세상 각 분야의 1등만이 강점을 가졌다는 걸 수도 있겠네요. 그럼 강점을 뭐라고 해야 할까요? 각자의 강점을 찾으라고 하는 데 과연 강점이란 뭘까요? 그래서 이번에는 강점에 관한 OX 퀴즈를 풀어보면서 강점을 자세히 살펴볼게요.

'노력하면 반드시 성공한다'는 표현은 O일까요, X까요? 같은 조 친구들이랑 상의해서 O와 X 중 하나를 결정해 주세요. 시간은 30초 드릴게요. (30초 후) 자, 정답은 뭘까요? 제가 '정답은' 하면 여러분들은 책상을 두드리면서 두구두구 소리를 내주면 됩니다. 정답은! 네, X예요. 무작정 열심히 노력만 해서 성공적인 결과를 낳을 수 있다는 것은 틀린 말이에요. 물론 노력만으로 성공한 사례도 있겠지만 극히 드물뿐더러 많은 강점에 대한 전문가들은 노력도 굉장히 중요하지만 조금 더 정확하게 표현하면 강점이 있는 분야에서 노력했을 때 성공할 수 있다고 해요. 그냥 열심히 노력하는 거랑 자신의 강점을 알고 노력하는 것은 결과가 다르겠죠? 진로를 찾아 나갈 때도 마찬가지예요. 자신의 강점을 발견하고 강점을 잘 발휘할 수 있는 일을 찾는다면 결과적으로 성공에도 도움이 될 거예요. 그럼 두 번째 퀴즈로 넘어갈 볼까요?

'약점을 고치면 반드시 성공한다'는 표현은 O일까요, X일까요? 역시 30초 드릴게요. (30초 후) 정답은, 이번에도 X에요. 약점을 고치는 것으로는 성공적인 결과를 낳기보다 평범한 수준에 도달할 뿐이에요. 약점을 보완하는 것보다 강점을 개발할 때 더 많이 성장해요. 톱으로 못을 박으려고 톱을 고쳐봤자 망치보다 못을 잘 박을 수는 없겠죠? 나무를 썰기 위해서 망치를 고치는 것보다 톱으로 나무를 써는 게 훨씬 나은 것처럼 말이죠. 여러분이 결과적으로도 좋은 성과를 내고 싶다면 약점을 보완하는 것보다는 강점을 더 극대화하는 것이 좋아요. 다음 문제!

'강점은 저절로 강해지지 않는다'는 표현은 O일까요, X일까요? 마지막 30초 드릴게요. (30초 후) 마지막 퀴즈의 정답은! 네! 이번엔 O가 정답이에요. 강점이라고 해서 저절로 강해지는 것은 아니고요, 자기의 강점을 잘 발견하고 개발할 때 더 극대화된다고 해요.

지금까지 강점과 약점에 대해 흔히 하기 쉬운 오해들을 살펴봤어요. 여기서 강점이라고 하는 것 역시 단순히 남들보다 잘하는 것이 아니에요. 강점 전문가의 주장에 따르면 강점은 '강하다고 느끼는 일'이래요. 그래서 강점과 관련된 경험을 할 때는 강하다고 느낄 수 있는 신호를 우리에게 보낸대요. 그 신호를 느낄 때마다 스스로 강하다고 느끼게 되고, 그 신호를 보내는 경험을 통해서 강하다고 느끼는 일을 찾을 수 있는 거죠. 그럼 이 신호들을 잘 감지하면 강점을 바탕으로 한 진로를 찾을 때도 도움이 되겠죠?

강점이 무엇인지 알려주는 아주 중요한 신호 세 가지가 바로 'A, H, A, 아하 신호'에요. 끌리는 느낌, 몰입하고 성장하는 느낌, 또 하고 싶은 느낌이 바로 여러분이 강하다고 느낄 수 있는 느낌들이에요. 그리고 이 세 가지 신호는 진로의 직업 흥미, 직업 적성, 직업 가치와도 연관이 깊어요. 그렇다면 이 'A, H, A'는 과연 뭘 의미하는 걸까요?

여러분 초성게임 아시죠? 초성게임은 조 안에서 진행돼요. 제가 화면에 자음(초성)을 보여주면 그 자음(초성)으로 된 낱말을 말하는 거예요. 가장 먼저 말하는 사람부터 '최고'할 때처럼 엄지손가락을 들고 말하면 그다음에 말하는 사람은 앞서 말한 사람의 엄지손가락을 잡으면서 말하는 거예요. 말하는 차례대로 손을 잡고 쌓아 올리다 보면 맨 위에 잡게 되는 사람이 걸리는 게임이에요. 자, 준비됐나요?

아하! 포인트

자음을 제시한 다음에 각 조에서 진행되는 동안 여유를 갖고 기다려도 괜찮습니다.

■ ㅂㅅ

첫 자음은 ㅂㅅ! (모든 조가 낱말을 말하고 승부가 어느 정도 결정되었다고 판단되면) 어떤 단어들이 나왔나요? 처음에 빵 터진 친구는 무슨 단어를 떠올렸기에 웃었어요? '보석'처럼 아름다운 단어도 있는데. '박수'도 있죠. 이번에 걸린 친구한테 박수 한번 쳐 주세요. 자! 다음 자음 볼까요?

■ ㅈㄹ

(조에서 진행된 후) 이번에도 웃는 친구가 있었는데 뭘 떠올린 거죠? 우리가 배우고 있는 '진로'도 있어요. 자, 다음!

■ ㄱㅈ

(조에서 진행된 후) 게임에 진 친구들은 이번 시간 끝날 때 책상 정리하고 바닥에 큰 쓰레기들도 줍도록 할게요. 혹시 마지막 퀴즈에서 '강점'이라는 단어도 나왔나요? 이번 시간의 주제가 강점인데 잊지 않았죠?

> **아하! 포인트**
>
> 분위기를 보고 몇 개 단어를 더 진행하셔도 좋습니다. 다만 주제와 조금이라도 연결되는 단어들이라면 재미도 있고 의미도 있을 것입니다.

몸이 제대로 풀린 것 같네요. 그럼 본격적으로 영어 버전의 초성 퀴즈로 넘어갈게요. 정답을 아는 사람은 손을 들고 '아하!'를 외쳐주면 돼요.

■ OMG

정답은? 네, 'Oh, My god!' 맞아요. 정답을 맞힌 사람이 속한 조에 점수를 드릴게요. 다음 초성!

■ BTS

무엇의 초성이죠?Beyond The Scene! 정답! 처음엔 방탄소년단Bangtan Sonyeondan으로 시작했는데 전 세계적으로 인기를 끌면서 2017년 'Beyond The Scene(마주한 현실을 뛰어넘어 성장하고 앞으로 나아간다)'을 새로운 그룹 브랜드 정체성으로 정했다고 하네요. 자, 다음!

■ **AHA**

어렵죠? 우리 수업 제목이기도 한데요, '아하'는 무슨 단어들의 앞 글자를 땄을까요? 너무 어려운 문제라서 가운데 단어만 맞히는 걸로 할게요. 네, 정답은 Happy, 맞아요. AHA는 끌리는, 매력적이란 뜻의 'Attractive', 행복한이란 의미의 'Happy', 마지막은 한 번 더, 다시란 뜻의 'Again'의 앞글자를 딴 거예요. 하기 전에 끌리고, 하는 동안 행복하고, 하고 나서 또 하고 싶은 것을 뜻하죠. 그래서 이번 시간에는 강점이라는 주제를 Attractive, Happy, Again과 연결해서 여러분들이 정말 '아하!'할 수 있게 해볼게요.

퀴즈 중에 BTS가 나왔죠? 혹시 멤버 중에 누구를 제일 좋아하나요? 싱어인가요? 래퍼인가요? 특히 춤을 더 잘 추는 누군가를 좋아하나요? 정말 모든 멤버가 각자 매력이 넘쳐서 누구 한 명을 선택하기 어려운 것 같아요. 여러분만큼 BTS를 잘 알지는 못하지만 저도 참 멋진 그룹이라고 생각해요. 아이돌 그룹을 보면 각자 나름의 매력이 넘치는 것처럼 우리도 각자의 자기다움이 있어요. 누군가는 감미로운 목소리로 노래를 잘하기도 하고, 또 누군가는 리듬에 빨려 들어가듯 랩을 잘하기도 하는 것처럼요. 이번 시간에 다루는 강점을 잘 발견하면 여러분을 더 여러분답게 해주는 진로를 찾는 데도 도움이 될 거예요.

첫 번째 A$_{Attractive}$는 '끌리는'이라는 의미예요. 여러분이 무언가를 하기 전에 이유 없이 끌리는 느낌이 있을 거예요. 조금은 두렵고, 떨리기도 하지만 그런데도 끌림을 느끼기도 하죠. 이유가 없거나 설명하기 힘들지만 온몸으로 느껴지고, 그냥 끌리는 느낌이 들 수 있다는 것이 중요해요. Happy는 행복이죠. 여러분이 무언가 하는 동안 행복을 느낀다면 여러분의 강점을 찾게 해주는 두 번째 신호가 될 수 있어요. 두 번째 신호는 우리가 어떤 것을 경험하는 동안 몰입하고, 자연스럽게 집중하고, 시간 가는 줄 모르는 느낌을 받게 해요. Again은 우리가 강점을 찾을 수 있는 세 번째 신호에요. '또, 다시'란 뜻이죠. 여러분이 무언가 하고 나서 또 하고 싶은 느낌을 받는 것도 중요한 신호에요. 특히 세 번째 신호는 첫 번째 A 신호와도 연결되죠. 만약에 여러분이 무언가 경험하고 나서 다시 하고 싶은 느낌을 받는다면 그 일에 또 끌리게 될 거예요. Attractive 한 거죠. 그러나 만약 무언가 경험하고 나서 다시 하고 싶은 느낌을 받지 못한다면 세 번째 신호도 감지하지 못했을뿐더러, 첫 번째 A 신호, 끌림과도 다시 연결되지 않을 거예요.

재미있는 건 AHA의 세 가지 신호는 진로에서 중요하게 다루는 직업 흥미, 직업 적성, 직업 가치와도 연결된다는 거예요. Attractive는 직업 흥미와 연결되고, Happy는 직업 적성, Again은 직업 가치와 연결되죠. 결국 여러분들이 아하! 할 수 있는 세 가지 신호 A, H, A를 잘 찾으면 직업 흥미, 적성, 가치와도 맞는 일을 찾으면서 여러분의 강점을 발휘할 수 있는 진로도 찾을 수 있겠죠?

여러분 오늘의 주제는 뭐였죠? 네, 아하 신호! A, H, A 그리고 강점입니다. BTS 멤버가 각자 다른 매력을 가지고 있는 것처럼 우리도 우리만의

강점을 갖고 있답니다. 그런데 그 강점을 남들과 비교해서 찾는다면 우울해질 수밖에 없을 거예요. 1등이 되지 않는 한 강점을 가졌다고 말하기 어려울 거니까요. 우리 안에 누구와도 비교할 수 없는 고유한 강점이 있습니다. 그 강점을 찾기 위해 나에게 귀를 기울여야 해요. 끌리고, 행복하고, 다시 하고 싶은 느낌이 들 때 그 신호를 잡으세요. 그럼 여러분도 '아하!' 하고 외칠 수 있는 여러분만의 강점을 찾을 수 있을 거예요. 다음 시간부터는 A, H, A 각각의 신호를 하나씩 감지해보면서 흥미, 적성, 가치와도 연결해보겠습니다.

② 다양한 전달 방법들

● 유명인을 통해 강점 찾아보기

한 분야에서 큰 업적을 남긴 운동선수, 가수 등 유명인의 사례를 들어주고 어떤 점에서 특별했는지에 관한 생각을 함께 나누어봅니다. 전지 등을 사용해서 조별로 적은 후 전체발표를 하거나 각자 적은 내용을 모아서 이야기를 나누어도 좋습니다. 내용을 종합하면서 하기 전에 끌리고, 하는 동안 행복하고, 하고 나서 또 하고 싶은 것을 뜻하는 A, H, A_{Attractive, Happy, Again}와 연결해서 설명해줍니다. 주제와 관련된 사례로 나와 있는 수지의 A, H, A 이야기를 참고해도 좋습니다.

● 인생 곡선(그래프) 그리기 활동

아래 그림과 같이 과거와 현재 및 미래의 모습을 그래프로 표현하는 활동을 활용할 수 있습니다. 청소년의 경우 인생이 짧고, 기억하는 사건이 많지 않아서 과거만으로 그림을 그리는 것이 어려울 수도 있습니다. 그러면 미래의 모습을 상상하면서 그려보는 방법으로도 진행 가능합니다. 긍정적인 사건에서는 어떤 강점이 발휘되어서 긍정적인 경험을 할 수 있었는지 확인하고, 부정적인 사건에서는 어떤 강점을 발휘해서 부정적인 경험을 극복했는지 생각해볼 수 있습니다. 미래의 사건을 상상으로 그릴 때 역시 긍정적인 사건과 부정적인 사건 속에서 자신의 어떤 강점을 발견할 수 있는지 생각해보게 합니다. 인생 곡선(그래프) 활동을 통해서 강점에 대해 먼저 생각해보게 하고, AHA 진로 프로그램에서 말하는 강점의 의미를 전달하는 순서로 활용하면 효과적입니다.

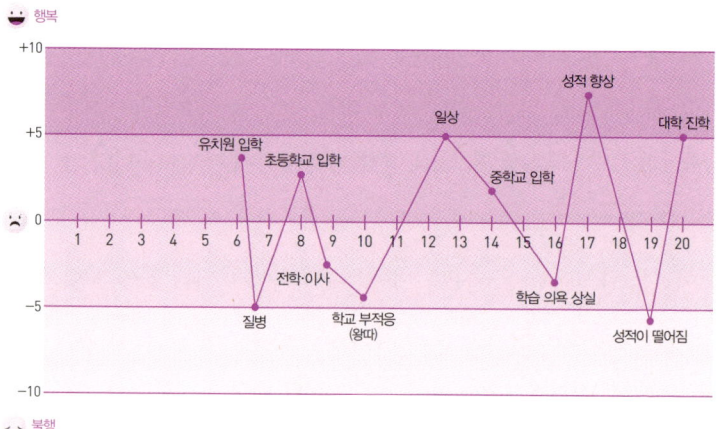

● A, H, A 질문 종이 돌리기

조끼리 앉아 있을 때 활용하기 좋은 방법입니다.

- 먼저 A4용지를 세로로 놓고 맨 위에 본인 이름을 크게 쓰라고 합니다.
- 그 아래에 세로로 1부터 5까지 숫자만 적게 합니다.

- 그리고 본인이 적은 종이를 오른쪽 사람에게 전달하라고 합니다.
- 화면에 첫 번째 질문 '1. 현재 컨디션 점수는 몇 점?'을 보여 줍니다.
- 자기가 받은 종이에 쓰여 있는 이름의 주인공이 현재 컨디션이 몇 점 정도 될 것 같은지 생각해보고, 숫자 1 옆에 적게 합니다.
- 다 쓰고 나면 아까와 같은 방식으로 또 종이를 오른쪽 사람에게 전달하게 합니다.
- 화면에 두 번째 질문, '2. 좋아하는 것은? (음식, 활동, 인물 등)'을 보여 줍니다.
- 자기가 받은 종이에 쓰여 있는 이름의 주인공이 무엇을 좋아할 것 같은지 생각해보고, 숫자 2 옆에 적게 합니다.
- 다 쓰고 나면 아까와 같은 방식으로 또 종이를 오른쪽 사람에게 전달하게 합니다.

위와 같은 방식으로 '3. 잘하는 것은?', '4. 로또에 당첨된다면 하고 싶은 것은?', '5. 꿈&장래 희망은?'을 진행합니다.

질문 리스트

○○○이름
1. 형제 관계와 현재 컨디션
2. 좋아하는 것
3. 잘 하는 것
4. 로또에 당첨된다면?
5. 꿈&장래희망

결과물 예시

○○○이름
1. 여동생 2명! / 85% 정도
2. 컴퓨터 게임(롤)
3. 운동, 말하기
4. 건물주 되기
5. 500만 유튜브

5번까지 진행하고 나면 다시 본인 이름이 적힌 종이를 받아보게 합니다. 일치하는 것이 있는지 확인하는 시간을 갖게 한 후에 실제로 질문에 해당되는 본인의 답변을 써보게 합니다. 활동이 끝나고 나면 2, 3, 4번 질문이 'AHA 진로' 프로그램에서 말하는 A, H, A 신호와 연관된 내용이라고 설명해줍니다. 자연스럽게 세 가지 신호의 의미를 이어서 설명해주면 지나치게 설명이 길어지지 않게 할 수 있습니다.

③ 알아두면 쓸 데 있는 이론과 개념

● 진로 정체감

'진로 정체감career identity'은 자아 정체감의 하위 개념으로서 개인이 직업과 관련하여 가지는 목표나 흥미, 능력에 대한 명확하고 안정적인 그림을 지니고 있는 정도를 의미합니다. 진로 정체감은 자신의 진로를 합리적으로 계획하고, 탐색, 선택, 결정할 수 있는 태도와 능력으로도 볼 수 있습니다. 따라서 진로 정체감은 진로를 결정하거나 준비하는 행동의 수준에도 영향을 미칩니다. 'AHA 진로' 프로그램에서 A, H, A 세 가지 신호를 느끼도록 돕는 것은 궁극적으로 진로 정체감 발달을 목적으로 합니다. 자신이 어떤 일에 끌리고, 어떤 일을 할 때 몰입하며, 어떤 일을 가치 있다고 여기는지에 대한 그림을 지니고 있다면 진로를 결정할 때 보다 수월할 것입니다.

● 성격 강점

'성격 강점Character Strengths'은 강점에 대한 다양한 정의와 분류 방법 중에서 긍정심리학자들이 인간의 긍정적 특성을 여섯 가지의 핵심 덕목으로 정리한 것입니다. 총 24개의 성격 강점으로, VIA_{Values in Action} 분류체계를 개발해서 인간이 가진 긍정적인 덕목과 강점을 제시하였습니다. VIA의 여섯 가지 주요 덕목은 '지혜와 지식', '용기', '인간애_{humanity}', '정의', '절제', '초월성'입니다. 그리고 '창의성', '호기심', '학구열', '개방성', '통찰', '진실성', '용기', '인내', '활력', '친절', '사랑', '사회성', '공정함', '지도력', '협동심', '용서', '겸손', '신중함', '자기조절', '심미안', '감사', '희망', '유머', '영성' 총 24개의 성격 강점이 있습니다. 'AHA 진로' 프로그램에서 정의하는 강점과는 달리 성격 강점은 덕목을 근거로 정의하고 있습니다.

3 진로 상담 Tip

"약점은 고쳐야 좋은 거 아닌가요?"

공감하기

"질문해줘서 고마워. 수업 내용에 대해서 다시 한번 생각해보는 자세가 참 인상적이네. 선생님은 이런 질문을 받으면 엄청 반갑고 기분이 좋아. 아마 '약점을 고치면 성공한다'의 답이 X였던 것에 대해서 궁금한 것 같은데 맞아?"

확인하기

"혹시 강점과 약점을 수업 시간에 배운 것과 다르게 단순히 잘하는 것, 못하는 것으로 생각하고 있는 건 아닌지 선생님과 다시 이야기해보면 좋겠네. 고쳐야 한다고 생각하는 약점 중에 예를 들면 어떤 것이 있을까?"

질문하기 또는 정보 공유하기

"공부를 예로 들어서 영어랑 수학 과목으로 설명해볼게. 영어가 약점이고 수학이 강점인 친구가 있다고 할 때, 이 친구가 영어 공부하는 데 많은 노력을 기울이면 어떻게 될까? 물론 영어 성적이 오르고, 영어를 잘하게 될 수도 있어. 하지만 애초에 영어가 강점인 다른 친구보다 영어를 더 잘하기도 어렵고, 그렇게 된다 하더라도 훨씬 더 많은 노력을 해야 될 거야. 영어가 강점인 친구는 영어에 자연스럽게 끌리고, 영어 공부할 때 몰입도 잘되고, 영어 공부가 끝나면 더 잘하고 싶은 마음이 드는데 영어가 약점인 친구는 그렇지 않거든. 게다가 자기의 강점이던 수학 공부에 쓸 시간이 줄어들면서 강점을 더 강하게 키우는데도 도움이 안 될 거야. 수업 시간에 했던 OX 퀴즈는 수학이 강점이고 영어가 약점인 친구가 영어를 열심히 보완한다고 해서 성공한다고 보기는 어렵다는 뜻이었어. 오히려 자기의 강점을 더 강한 강점으로 살릴 때 성공할 가능성이 높다는 뜻이야. 진로나 직업을 결정할 때도 참고하면 좋겠지?"

강점과 약점을 단순히 잘하는 것과 못 하는 것으로 이해하고 있는 학생들이 많습니다. 이것 역시 강점과 약점에 대한 관점입니다. 이런 경우에는 위의 사례처럼 학과목과 연결해서 설명하는 것이 도움이 됩니다. 더 나아가 성격적 장단점 역시 자주 접하게 됩니다.

"선생님 저는 친구들한테 먼저 말 거는 걸 진짜 못해요. 가끔 진짜 큰마음 먹고 시도해보려고 하는데 너무 어려워요."

성격적 강점과 약점은 별개가 아닙니다. 연결되어 있습니다. 약점에는 강점이 숨어 있습니다. 강점이 지나치게 발휘될 때 약점이 됩니다. 낯선 사람에게 말 거는 것이 어려운 사람들은 어떤 강점을 갖고 있을까요? 네, 신중합니다. 조심스럽습니다. 여러 가지를 고려합니다. 배려도 잘합니다. 내가 먼저 말을 거는 것에 대해 상대가 불편하지는 않을까? 내가 상대에게 어떻게 비칠까? 상대가 나를 좋아할까? 언제 말을 걸까? 지금일까? 나중이 좋을까? 이런 생각들을 할 줄 아는 능력이 있습니다. 하지만 지나치게 신중하고, 지나치게 조심스럽고, 너무 배려만 하면 우유부단하고, 소극적이며, 줏대 없는 사람처럼 보일 수 있습니다. 이 진실을 깨닫지 못한 많은 사람들이 약점만 봅니다. 자신을 볼 때도 그렇고 상대를 볼 때도 그렇습니다. 그래서 때로는 상대에게 그러면 안 된다고 지적합니다. 강점과 약점을 함께 보지 못하고 부정적인 관점에만 갇혀있는 사람입니다.

"너는 참 신중한 사람이구나. 상대방을 배려할 줄 알고, 순간적으로 여러 가지를 고려할 줄 아는 섬세함도 강점이네. 그런 능력을 가져서 때로는 바로바로 행동하기 어렵고, 조심스러울 수도 있지. 친구들에게 먼저 말 못 거는 걸 단순히 단점이라고 생각하기보다 너의 강점이 지나치게 발휘되고 있다는 걸 알면 좋겠어. 약점은 강점이 지나치게 발휘될 때 튀어나오거든. 너는 신중함이 강점인 사람이야. 대신 너무 지나치게 신중하지 않게 가끔 행동으로 먼저 옮겨보는 연습도 하면 좋겠지?"

'AHA 진로'는 강점을 기반으로 한 진로 탐색 프로그램이라고 홍보합니다. 그만큼 선생님들의 강점에 대한 이해가 중요합니다. 이어지는 A, H, A를 각각 다루는 챕터에서도 'AHA 진로'에서 말하는 강점을 바탕으로 전달할 것을 추천합니다.

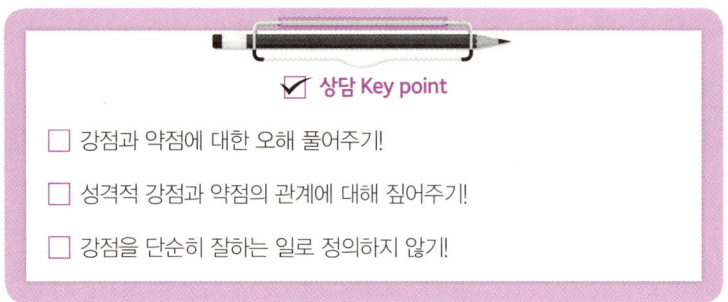

☑ 상담 Key point
☐ 강점과 약점에 대한 오해 풀어주기!
☐ 성격적 강점과 약점의 관계에 대해 짚어주기!
☐ 강점을 단순히 잘하는 일로 정의하지 않기!

4 주제와 관련된 사례

① 국민 첫사랑 수지

걸그룹 '미스A'로 데뷔해서 인기를 끌다가 영화 〈건축학개론〉에서 국민 첫사랑이 되어 현재 다양한 작품에서 배우로 맹활약 중인 '수지'의 이야기입니다. 수지는 학창 시절 우연히 댄스팀의 공연을 보고 막연하게 '그냥 저길 들어가야겠다'는 생각이 들었다고 합니다. 그야말로 Attractive입니다. 댄스팀에 친구랑 무작정 찾아가 연습하고 싶다고 말했다고 합니다.

그렇게 댄스팀의 연습생이 된 수지는 학교를 마치고 매일 밤 11시까지 춤 연습을 하게 됩니다. 연습을 하는 과정은 쉬는 시간도 없이 춤을 계속 추어 머리카락이 땀으로 흠뻑 젖을 만큼 힘든 시간이었습니다. 실제로 수지는 당시를 회상하며 '머리를 감은 것처럼 머리카락이 다 젖고, 옷도 다 젖을 정도'였다고 했습니다. 그런데 재미있는 것은 그렇게 죽을 것 같이 춤 연습을 하는데 희한하게 하나도 힘들게 느껴지지 않았다는 것입니다. 수지의 표현대로 춤은 '너무 힘든데 너무 재미있는 일'이었습니다. 끼니도 컵라면으로 때울 때가 많았는데 연습실에 빙 둘러앉아서 라면을 먹는 것이 그렇게 재미있고 '계속 이렇게 살아도 괜찮겠다'라는 생각이 들 정도였다고 합니다. 'AHA 진로' 프로그램에서 말하는 Happy, 하는 동안 행복한 일에 잘 어울리는 예입니다.

그렇게 춤을 좋아했던 수지도 부모님의 반대가 없었던 것은 아닙니다. 특히 아버지께서 수지에게 무언가를 하지 말라고 하면 반드시 말을 들어야 할 정도로 엄한 분이셨다고 합니다. 그런 아버지는 댄스팀에 나가지 말라고 무섭게 말씀을 하셨다고 합니다. 그럼에도 불구하고 수지는 댄스 팀이 너무 좋아서 계속 나갔습니다. 아버지가 무서워서 집에 들어가는 것도 겁날 정도였지만 그냥 계속 나간 것입니다.

"무서웠어요. 너무 무서웠어요. 집에 들어가기가 무서울 정도였는데 가야겠더라고요."

당시를 회상하며 SBS 〈힐링캠프〉에서 수지가 직접 했던 말입니다.
수지는 하기 전에 끌리고, 하는 동안 힘들기도 했지만 행복한 일을 경험했습니다. 거기서 그치지 않고 그 일을 지속적으로 해도 되겠다는 믿음으로 강한 의지를 발휘할 수 있는 일을 찾았습니다. Attractive, Happy, Again을 모두 충족시키는 일이다 보니 누가 시키지 않아도 자발적으로 노력할 수 있었습니다.
이 이야기는 A, H, A_{Attractive, Happy, Again}를 찾게 되면 강점도 찾고 진로도 찾을 수 있다는 것을 잘 보여줍니다.

② 이태화 강사의 뮤지컬 배우 이야기

처음 '코치'라는 직업을 알게 된 건 2006년, 당시 대학교 4학년에 재학 중일 때입니다. 리더십에 관심이 생겨 교양 과목을 검색하던 중에 '셀프 리더십과 비전 만들기'라는 과목을 보게 되었습니다. 리더십을 가르쳐주는 수업인가보다 하고 수강 신청을 했는데 첫 시간에 교수님께서 본인을 '코치'라고 소개했습니다. 코치? 스포츠 분야에만 코치가 있는 줄 알았던 당시에는 희한하게 들렸습니다. 그렇게 한 학기 동안 수업을 들었는데 매 시간 수업을 들을수록 코치라는 직업에 매력을 느끼게 되었습니다.

수업이 끝나고 청소년 코칭을 할 수 있는 자원봉사 활동도 하고, 코칭을 제대로 공부하기 시작했는데 너무 재미있었습니다. 코칭이라는 분야를 발견한 것도 놀라운 일이었고, 스스로 책을 찾아 읽고 공부를 재미있게 할 수 있다는 것도 놀라운 일이었습니다. 정말 하고 싶어서 하는 공부라서 그런지 몰입도 잘 되었습니다. 적성과 맞는지 잘 몰랐지만 더디게라도 성장하는 것이 느껴졌습니다. 그렇다면 실력도 향상될 것이란 믿음도 자연스럽게 생겼습니다. 설령 그 믿음이 틀려도 괜찮았습니다. 행복했기 때문입니다.

직업으로서 전문 코치를 선택할지 말지 고민하는 시간은 그리 길지 않았습니다. 당시에는 제가 어떤 인생을 살고 싶고, 어떤 사람이 되고 싶은지에 대해서 고민을 먼저 했던 때라서 더욱 그랬던 것 같습니다. 코치는 저의 사명감을 발휘하기에 만족스러운 직업이었고, 직업 가치와도 잘 맞는 직업이라고 생각했습니다.

코치라는 직업은 저의 또 다른 직업, 배우가 되는 데도 도움이 되었습니다. 진심으로 하고 싶고, 하는 동안 행복하고, 하고 나서도 계속하고 싶은 일이 결국 성공적인 결과를 낳을 것이라는 확신을 주었기 때문입니다. 배우가 되는 과정은 코치와는 또 다른 어려움도 있었고, 예상치 못한 장애 요소도 많았습니다. 그러나 노력한 시간이 쌓일수록 실력도 향상되었고, 코치라는 직업과 시너지도 생기면서 정말 하고 싶은 일을 하며 돈도 벌 수 있는 직업을 갖게 되었습니다.

저는 코치 겸 배우, 배우 겸 코치라는 직업이 천직이라고 자신 있게 말할 수 있습니다. 그래서 끌리는 일, 몰입할 수 있는 일, 지속하고 싶은 일, 이 세 가지를 충족시키는 일을 자신의 직무와 직업으로 연결하는 것이 행복한 삶을 사는 길이라는 확신도 있습니다. 저의 진로는 정말 'AHA!'입니다.

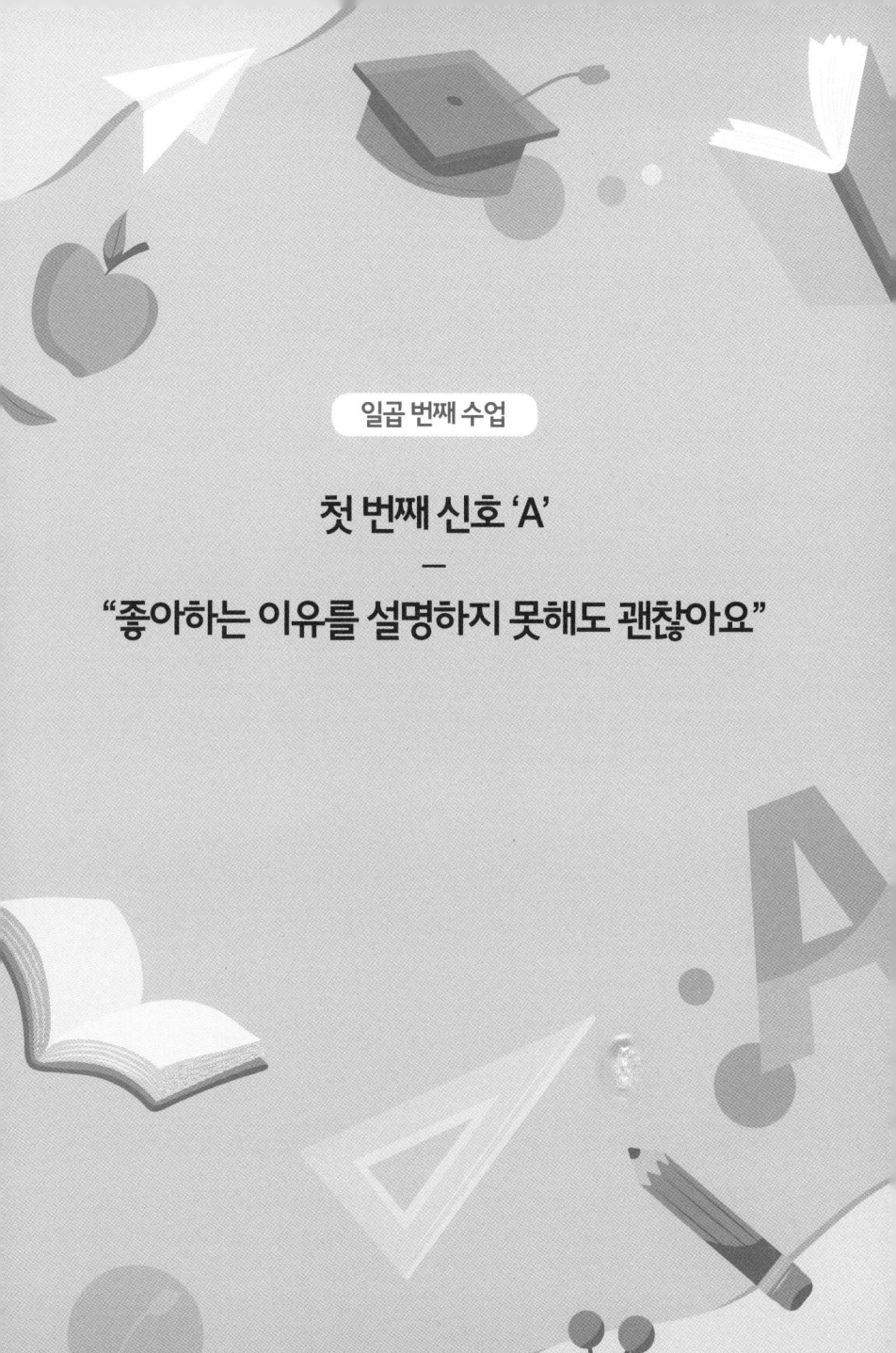

일곱 번째 수업

첫 번째 신호 'A'
―
"좋아하는 이유를 설명하지 못해도 괜찮아요"

1 수업 준비

① 수업 준비 회의록

"이제 본격적으로 A,H,A를 각각 찾아보는 순서가 나오네요. 그 첫 번째 시간은 'Attractive, 끌림'이에요. 강점을 발견하는 첫 번째 신호이기도 하고 직업 흥미와도 연결되죠. 다 같이 무언가에 끌림을 느꼈던 경험을 나눠보면 어떨까요?"

"저는 실제로 지금 이 일에도 많은 영향을 주었던 경험인데요, 대학 시절 특강을 듣는데 그 강의가 너무 인상적이어서 그 순간 저 무대에서 나도 누군가에게 강의를 해보고 싶다는 생각에 두근두근 떨렸던 기억이 나요. 정말 아무런 정보도 없었지만 알 수 없이 끌렸던 순간이었던 것 같아요."

"강사가 되셨으니 첫 번째 신호가 진로에 영향을 끼쳤네요. 저는 개인적으로 첫 번째 신호가 가장 느끼기 어려웠던 신호이기도 한데요. 어떤 성과와 근거를 통해 느껴지는 신호가 아니다 보니 이 신호에 반응하려면 큰 용기가 필요한 것 같아요. 그래서 저는 그냥 지나친 경험이 많은 것 같아요."

"실제로 끌림을 별것 아닌 것으로 생각하는 사람도 많은 것 같아요. 어쩌면 이게 첫 번째 신호의 특징일 수도 있을 것 같네요. 무언가 의미를 찾기 어렵거나 일과 연결될 수 없다고 판단되면 별것 아니라고 생각하게 되는 것?"

"오! 정말 인사이트 있는 말이에요. 의미가 없다고 생각하거나 이유를 못 찾아서 지나치기 쉬운 신호일 수 있겠네요."

"학창 시절 많이 느꼈던 것 같아요. 연예인도 좋아하고, 게임도 좋아하고, 친구들과 수다 떠는 것도 좋아했는데 왠지 그러면 안 될 것 같은 느낌이었어요. 공부 외의 다른 활동은 도움이 안 되는 활동으로 생각했던 것 같아요."

"그러게요. 어찌 보면 큰 성과를 이룬 사람들의 시작은 다들 이런 작은 관심이었을 텐데요."

"사실 관점을 바꿔보면 '끌림'이라는 신호를 주는 순간이 꽤 많았던 것 같아요. 대표적으로 이상형도 그렇고요. 그 사람을 만나본 건 아니지만 어떠한 '느낌'에 끌려 만나보고 싶다고 생각하는 것처럼 말이죠."

"이상형에 비유하니까 진짜 맞는 것 같네요. 무언가 끌리는 신호가 오면 경험을 통해 정말 나에게 즐거움을 주는 요소인지 확인해볼 수 있고, 반대로 전혀 신호를 못 찾겠으면 어떤 활동이든 끌림을 느낄 수 있는 경험이나 계기를 만드는 것도 중요하겠네요."

"직접 발견하고 공감해 보는 것, 중요한 것 같아요. 사실 직업 흥미 발견을 돕는 여러 도구와 장치들이 있지만 실제로 잘 활용하지 않잖아요? 성인들도 그런데 학생들은 더욱 그렇겠죠."

"이번에도 학생들이 수업 중에 '끌림'이라는 신호를 직접 느낄 수 있게 하는 게 중요하겠네요. 책을 활용하시는 선생님들도 이론적으로 접근하기보다 경험적인 접근을 하는 걸 추천하고 싶어요."

② 수업 목표와 기대 사항

일곱 번째 수업의 목표는 다음과 같습니다.

> ◆ AHA의 Attractive의 의미 이해시키기
> ◆ '진로 설계'에 있어서 직업 흥미를 찾는 것이 왜 중요한지 생각해볼 수 있도록 돕기
> ◆ '나는 무엇을 할 때 흥미를 느낄까? 에 대해 생각해볼 수 있도록 돕기

나아가 학생들이 수업을 듣고 아래와 같이 생각하거나 말한다면 수업 목표를 달성했다고 말할 수 있을 것 같습니다.

> ◆ 나는 이런 일에 끌리는구나!
> ◆ 직업 흥미를 발견하는 것이 나의 강점을 발견하는 데도 정말 중요한 것이구나!
> ◆ 내가 좋아하는 활동을 찾는 것이 '흥미'를 찾는 중요한 요소구나!

2 수업 진행

① 수업 대본과 진행 노하우

 여러분 책상 위에 있는 이면지 3장을 사용하여, 동글한 공 한 개를 만들어볼게요. 종이를 꾸깃꾸깃한 후 합쳐서, 테이프를 활용하여 공을 만들어주세요. 공을 만든 후 각 조에서 가나다순으로 이름이 가장 **빠른** 친구가 공을 가지고 있겠습니다. 지금 이름이 가장 **빠른** 친구가 가지고 있는 것은 바로 폭탄입니다. 폭탄을 가지고 있으면 위험하겠죠? 이 폭탄이 자신의 손에 있지 않길 바라는 마음을 담아 게임에 임해주세요! 잠시 후, 화면에 질문을 보여드릴 거예요.

질문에 대한 답을 하고 자신의 오른쪽 친구에게 폭탄을 넘기면 됩니다. 오른쪽 친구가 이야기한 후 다시 오른쪽 친구에게 전달. 단, 중복되면 안 돼요. 중복되면 다시 말해야 합니다. 그럼 첫 번째 질문! 마트, 쇼핑몰, 백화점에서 주로 가는 코너는?

> 마트, 쇼핑몰, 백화점에서 주로 가는 코너는?

학생1 시식코너

학생2 화장품

학생3 운동화

학생4, 학생5, 학생1, 학생2, …

그만! 자, 지금 폭탄을 들고 있는 친구들. 오~ 폭탄을 가진 친구는 벌칙을 받아야 합니다. 폭탄을 가지고 있는 친구의 왼쪽에 있는 친구가 술래(폭탄을 가지고 있는 학생)의 얼굴에 예쁘게 스티커를 붙여주세요. (스티커가 없다면 술래로 걸린 학생들을 누적해서 기록하라고 했다가 게임이 끝나고 벌칙을 공개해도 좋습니다) 그럼 두 번째 질문! 이번엔 왼쪽으로 돌릴게요. 자신이 주로 돈을 쓰거나, 돈이 생긴다면 쓰고 싶은 곳은?

> 주로 돈을 쓰거나,
> 쓰고 싶은 곳은?

학생1 게임 아이템 결제

학생2 쿠키(웹툰)

학생3 화장품 구입

　　　학생4, 학생5, 학생1, 학생2, …

그만! 이번에는 술래의 오른쪽 친구가 스티커를 붙여줄게요. 헉! 저기 복수하고 있는 거 아니죠? 그럼 세 번째 질문, '○○을 배울 때 재미있게 배웠다!' 학교에서 배운 것도 좋고요, 방과 후 또는 학교 외에서 배운 것도 좋아요. 이번에는 폭탄을 받은 사람 맘대로 방향을 정해서 돌릴게요. 준비, 시작!

> ○○을 배울때,
> 재밌게 배웠다!

학생1 체육

학생2 국어

학생3 음악

학생4 수학

학생2 너, 수학 안 좋아하잖아!

학생4 헐, 나 좋아하거든.

학생2 안 돼, 다시 말해!

학생4 어… 어… 어… 인생?

그만! 여기까지. 이번에는 술래의 양쪽 친구들이 하나씩 붙여줄까요? 오, 5조는 한 친구가 스티커를… 멋있습니다. 인증샷 남기셔도 좋습니다. 그럼 지금부터 시간 2분 드릴게요. 인증샷 찍고 싶은 친구는 인증샷 남기고, 얼굴에 있는 스티커를 떼는 시간 2분 드리겠습니다. 모든 정리가 끝난 조는 박수 두 번을 쳐주세요.

자, 우리가 평소에 좋아하는 것, 관심 있는 것, 재밌어하는 것을 게임으로 생각해봤어요. 그리고 이건 진로를 찾아갈 때 매우 중요한 부분이에요.

우리는 '아하!'하고 무릎을 치며 느끼고 깨닫는 시간이 되길 바라는 마음으로 'AHA 진로' 프로그램을 함께 하고 있어요. 강점을 찾을 수 있는 세 가지 신호 A, H, A에서 첫 번째 A는 'Attractive', 끌림을 말해요. 진로와 관련해서는 직업 흥미와 깊은 관련이 있어요. 어떤 일을 해보기 전에 끌리는 신호죠. 이 신호를 '흥미'라고 볼 수 있는데요. 여러분이 좋아하고 끌리는 것이 무엇인지, 진로를 탐색할 때 직업 흥미를 알아보는 시간을 가져볼게요. '흥미 興味 interest'란, 특정한 대상에 관심을 쏟고 열중하려는 경향이라고 에드워드 스트롱 박사가 이야기했어요. 스트롱 박사는 실제 직업 흥미 검사에 많은 영향을 끼친 사람이기도 합니다.

 직업 흥미를 여섯 가지로 나눈 그림을 보면서 나와 어울리는 흥미 유형은 무엇인지 생각해보고 알파벳에 동그라미를 해볼게요.

출처 : 홀랜드 성격 이론 육각형 모형

 여러분이 스스로 생각하기에 어떤 직업 흥미를 갖고 있다고 생각하세요? 그럼 이 직업 흥미가 우리의 진로와 어떻게 연결되는지 알아볼게요. 이름하여 '골드버튼을 향하여! - AHA 채널' 이제 우리는 골드버튼을 받는 유튜브 채널을 만들 거예요. 유튜브 채널을 운영하기 위해서는 직원이 필요하겠죠. 유튜브 채널을 개설하고 운영하려면 어떤 직원들이 필요할까요?

학생1 유튜버요.

학생2 영상편집자?

학생3 PD

맞아요. 여러분이 이야기한 직원들이 필요하며 그 외에도 지속적으로 채널을 운영하려면 다양한 분야의 직원이 더 필요할 거예요. 그럼 지금부터 조별로 유튜브 채널 개설 및 운영에 필요한 채용 분야는 무엇인지 논의해주세요. 그리고 총 여섯 개의 영역을 선정하여 A4용지에 분야 작성 및 그림으로 표현해주세요.

제공하는 시트지 예시   학생들이 작성한 작품 예시

총 여섯 개 분야를 선정하셨나요? 그럼 조금 전 직업 흥미 여섯 개 영역을 생각하며, 영역별로 가장 적합한 직업 흥미를 알파벳으로 적어주세요. 이 분야에는 직업 흥미 중 어떤 흥미를 가진 사람이 적합할까를 고민하여 적어주세요. 직업 흥미가 중복되지 않도록 유의해주세요.

직원 채용이 완료되었습니다. 직원들이 한자리에 모여, 어떤 콘텐츠를 제작하면 좋을지에 대해 아이디어 회의를 하고 있습니다. 직업 흥미별 직원들은 어떤 아이디어를 제시하였을까요?

다양한 아이디어 중 하나를 채택하여 우리 채널이 대박 났습니다. 구독자 100만 명 달성! 골드버튼을 받았어요. 그래서 모든 직원이 포상 휴가를 떠날 거예요. 생각만 해도 설레는 여행! 여행계획을 세워봅시다. 모두에게 만족스러운 여행이 되기 위해서 유형별 역할과 준비물은 무엇이 있을까요?

여행을 준비할 때도, 콘텐츠 주제를 정할 때도, 직업을 정할 때도 우리는 직업 흥미, 즉 자연스럽게 관심이 가는 분야를 먼저 고려하게 되는 것 같네요. 채용 분야를 정하는 활동을 하면서 여러분 스스로 직업 흥미를 고려하여 역할을 배분하였어요. 직업 흥미를 고려하는 것은 자연스러운 방향이에요. 나만의 강점으로 나아가는 길임을 우리는 어렴풋이 알고 있었으며 본 활동을 통하여 더욱 명확해졌을 것으로 생각해요.

우리가 자신의 직업 흥미를 알아가고, 진로를 찾아 나간다면 강점을 바탕으로 하는 자신의 길을 걸어갈 수 있는 첫걸음을 시작하는 거예요.

지금까지 '나는 무엇에 이끌리는가?' 즉, 직업 흥미에 대해 알아봤어요. 그럼 이번 시간에 함께 한 활동들을 기억하면서 노트에 나는 무엇을 좋아하는지, 무엇에 이끌리는지 적어볼까요? 좋아하는 것을 적을 때 좋아하는 크기에 따라 글씨의 크기를 다르게 해주세요. 더 좋아하고 더 이끌리는 것을 적을 때 더 큰 글자로 적어주세요.

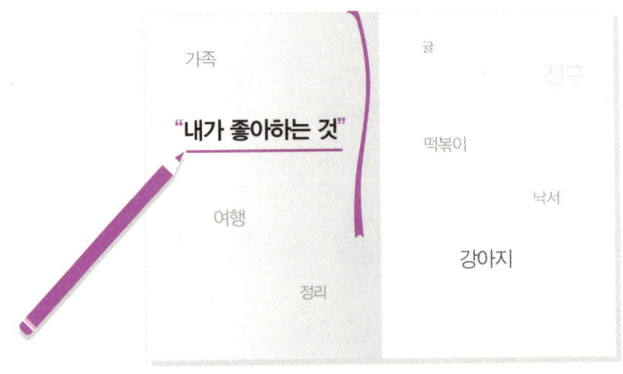

② 다양한 전달 방법들

● 흥미와 관련된 직업 찾기

자신이 끌리는 것에 관련된 다양한 직업을 찾아보는 활동입니다. 그림을 그리거나 예쁘게 만드는 것에 흥미를 느끼는 학생이라면 단순히 디자이너를 생각해볼 수 있겠지만 분야별로 이 흥미를 연결하면 좀 더 다양한 직업을 찾아볼 수 있을 것입니다. 예를 들어 스포츠 분야라면 유니폼 디자이너가 될 수도 있고 요식업이라면 파티쉐를 할 수도 있을 것입니다. 이 외에도 건축 분야의 인테리어 디자이너, 미용계의 메이크업 아티스트 등 자신이 흥미를 느끼는 것에 관련된 직업이 다양하다는 것을 알게 합니다. 그리고 이 활동을 통해 자신이 끌리는 것을 찾는 것이 진로 설계의 시작이라는 것을 깨닫게 합니다.

● 미래의 유망직업 예상해보기

2018년 9월 13일 매일경제신문 기사([4차 산업혁명 시대의 유망 직업] 멋진 신세계로 이끌 미래직업 7대 트렌드)에 따르면 초연결-초지능화, 저출산-고령화, 글로벌화, 자원경쟁과 지구온난화, 소비의 고도화, 위험의 일상화, 하이터치의 시대가 미래사회의 직업 7대 트렌드라고 합니다. 이와 관련하여 미래의 유망직업을 예상해보는 활동을 1단계로 하고 그중에서 관심이 가고 흥미가 있는 직업을 선택해보는 활동을 2단계로 해봅니다. 앞으로 없어질 것 같은 직업, 새로 생겨날 것 같은 직업에 대한 생각을 조원들과 함께 정리해나가다 보면 자신이 흥미를 가지고 있는 분야가 어떤 것인지에 대해서도 자연스럽게 접근할 수 있을 것입니다.

● **홀랜드검사**RIASEC **각 흥미 특성별 대표직업에서 관심 직업 찾아보기**

검사 결과 내용으로 나와 있는 표를 제시하고 각 유형에 대표직업으로 제시된 직업들 중에 관심이 가는 직업을 유형별로 두세 가지씩 선택하게 합니다. 여섯 개 분야에서 선택한 총 12~18개의 직업 중에 TOP 10 또는 Top 5를 정해보게 합니다. 순위에 오른 직업들에 대해서 어떤 일을 하는지 구체적으로 찾아본 후 발표하게 합니다. 그 직업이 어떤 유형에 속하는지도 확인해보며 내가 어떤 흥미 특성을 가지고 있는지를 확인해봅니다.[9]

③ 알아두면 쓸 데 있는 이론과 개념

● **다면적 흥미**

독일의 교육자 요한 헤르바르트는 교육의 목적이 단순히 지식 습득에만 그쳐서는 안 되고 지식과 감정이 결합해서 흥미를 불러일으켜야 한다고 주장했습니다. 그리고 이런 흥미가 한 가지 대상에만 고정되어 있는 것은 교육적으로 바람직한 것이 아니라고 보았습니다. 하나의 흥미에만 마음이 쏠려 있다는 것은 편협하다는 의미이고 결국 아이의 마음은 그 방향으로만 발달할 수 있기 때문입니다. 따라서 '다면적 흥미'를 형성하는 것이 바람직하며 이것이 곧 교육의 궁극적인 목적이라고 했습니다. 다면적 흥미는 경험적 흥미, 사변적 흥미, 심미적 흥미, 공감적 흥미, 사회적 흥미, 종교적 흥미로 구분됩니다. 헤르바르트의 다면적 흥미 개념에서도 알 수 있듯이 흥미는 한 가지 대상에만 가지게 되는 것이 아니라 다양한

---

[9] 출처: https://urjobb.weebly.com/5164950629551414812044160493245.html

대상에게 가질 수 있습니다.

● **존 듀이의 흥미 이론**

　미국의 철학자이자 교육학자 존 듀이는 진정한 흥미란 어떤 행위의 과정을 자신과 동일시하거나 어떤 행위의 과정 속에서 자신을 발견하는 것이라고 했습니다. 결국 자아와 흥미는 분리되어서는 안 되며 자아를 고려하지 않은 흥미는 존재할 수 없다고 보았습니다. 듀이의 관점에 따르면 자아와 흥미는 서로 밀접하게 관련되어 있고, 자아의 성장과 발달은 곧 흥미의 성장과 발달을 의미합니다. 자신의 흥미를 발견하는 것은 결국 자기 자신에 대한 새로운 발견이 될 수 있고, 이는 자기를 이해하는 데 큰 도움이 될 수 있습니다.

구분	현실형(R)	탐구형(I)	예술형(A)
흥미특성	분명하고 질서정연하고 체계적인 것을 좋아하고 도구나 기계를 조작하는 활동 내지 기술에 흥미가 있습니다.	관찰적, 상징적, 체계적이며 물리적, 생물학적, 문화적 현상의 창조적인 탐구를 수반하는 활동에 흥미가 있습니다.	예술적 창조와 표현, 변화와 다양성을 선호하고 틀에 박힌 것을 싫어하며 모호하고, 자유롭고, 상징적인 활동에 흥미가 있습니다.
자가평가	사교적 재능보다는 손재능 및 기계적 소질이 있다고 평가	대인관계 능력보다는 학술적 재능이 있다고 평가	사무적 재능보다는 혁신적이고 지적인 재능이 있다고 평가
타인평가	겸손하고 솔직하지만 독단적이고 고집이 센 사람	지적이고 현학적이며 독립적이지만 내성적인 사람	유별나고 혼란스러워 보이며 예민하지만 창조적인 사람
선호활동	기계나 도구 등의 조작	자연 및 사회현상의 탐구, 이해, 예측 및 통제	문학, 음악, 미술활동
적성	기계적 능력	학구적 능력	예술적 능력
가치	눈에 보이는 성취에 대한 물질적 보상	지식의 개발과 습득	아이디어, 정서, 감정의 창조적 표현
성격	현실적이고 신중한 성격	분석적이고 지적인 성격	경험에 대해 개방적인 성격
회피활동	타인과의 상호작용	설득 및 영업활동	틀에 박힌 일이나 규칙
대표직업	기술자, 가동기계 및 항공기 조종사, 정비사, 농부, 엔지니어, 전기, 기계기사, 군인, 경찰, 소방관, 운동선수 등	언어학자, 심리학자, 시장조사분석가, 과학자, 생물학자, 화학자, 물리학자, 인류학자, 지질학자, 경영분석가 등	예술가, 작곡가, 음악가, 무대감독, 작가, 배우, 소설가, 미술가, 무용가, 디자이너, 광고, 기획자 등

사회형(S)	진취형(E)	관습형(C)
타인의 문제를 듣고, 이해하고 도와주고, 치료해주고 봉사하는 활동에 흥미가 있습니다.	조직의 목적과 경제적인 이익을 얻기 위해 타인을 지도, 계획 통제, 관리하는 일과 그 결과 얻어지는 명예, 인정, 권위에 흥미가 있습니다.	정해진 원칙과 계획에 따라 자료를 기록, 정리, 조직하는 일을 좋아하고 체계적인 작업 환경에서 사무적, 계산적 능력을 발휘하는 활동에 흥미가 있습니다.
기계적 능력보다는 대인관계적 소질이 있다고 평가	과학적 능력보다는 설득력 및 영업능력이 있다고 평가	예술적 재능보다는 비즈니스 실무능력이 있다고 평가
이해심 많고 사교적이고 동정적이며 이타적인 사람	열정적이고 외향적이며 모험적이지만 야심이 있는 사람	안정을 추구하고 규율적이지만 유능한 사람
상담, 교육, 봉사활동	설득, 지시, 지도활동	규칙을 만들거나 따르는 활동
대인지향적 능력	경영 및 영업 능력	사무적 능력
타인의 복지와 사회적 서비스의 제공	경제적 성취와 사회적 지위	금전적 성취와 사회, 사업, 정치영역에서의 권력 획득
동정심과 참을성이 있는 성격	대담하고 사교적인 성격	현실적이고 성실한 성격
기계기술적 활동	과학적, 지적, 추상적 주제	명확하지 않은 모호한 과제
사회복지사, 교육자, 간호사, 유치원 교사 종교지도사, 상담가, 임상치료가, 언어치료사 등	기업경영인, 정치가, 판사, 영업사원, 상품구매인, 보험회사원, 판매원, 연출가, 변호사 등	공인회계사, 경제분석가, 세무사, 경리사원, 감사원, 안전관리사, 사서, 법무사, 의무기록사, 은행사무원 등

3 진로 상담 Tip

"저는 음악이 좋은데 좋아하는 건지 잘 모르겠어요."

질문이 이상하지 않나요? 좋은데 좋아하는 건지 모르겠다? 분명히 음악이 좋다는 것을 압니다. 그런데 또 좋은지 모르겠답니다. 왜 이럴까요? 논리적으로만 생각하면 앞뒤가 맞지 않는 말입니다. 모든 경우에 들어맞는 것은 아니지만 많은 학생들이 좋아하는 걸 정말 좋아해도 괜찮은지 혼란스러워합니다. 좋아하는 것마저 어른들의 허락을 받아야 한다고 생각하는 것일지도 모르겠습니다. 그런데 감정에 초점을 맞추면 그럴 법도 합니다. 좋아한다는 것은 더 강한 확신을 갖고 싶다는 말일 수도 있고, 좋아해도 된다는 지지를 받고 싶은 마음일 수도 있습니다.

공감하기

"선생님이 보기에도 너는 음악을 좋아하는 것 같은데 잘 모르겠다는 생각도 드는구나? 자신도 헷갈려서 많이 혼란스럽겠다."

확인하기

"좋아하는지 잘 모르겠다는 생각이 드는 이유는 뭐야?"
"그냥 음악이 좋긴 한데 왜 좋아하는지는 잘 모르겠어요."
"음악을 좋아하는 이유를 잘 모르겠다는 말이구나."
"네. 뭔가 좋아하면 이유를 설명할 수 있어야 하잖아요."

여기서 좋아하는 일에 대한 관점이 발견됩니다. '좋아하면 이유를 설명할 수 있어야 한다'는 관점입니다. 좋아하는 것은 반드시 그 이유를 설명할 수 있어야 하나요? 그냥 좋아하면 안 되나요? 좋아하는 데는 반드시 이유가 있어야 한다는 것은 그 이유가 사라지면 좋아하지 않게 된다는 뜻이기도 합니다. 구체적으로 이유를 설명할 수 있는 좋아하는 일도 있지만 그렇지 않고도 좋아하는 일이 있을 수 있습니다. 때로는 '그냥'이 가장 강력한 이유일 때도 있습니다. 직업 흥미 개념과 연결되는 첫 번째 신호 A는 이유를 설명하기 어렵지만 본능적으로 끌리는 일이라는 것이 핵심입니다.

> **질문하기 또는 정보 공유하기**
>
> "오늘 배운 첫 번째 신호 A는 이유를 설명하기 어렵지만 끌리는 일이라고 했던 거 기억나지? 좋아하는 이유를 설명하기 어렵다고 해서 좋아하지 않는 게 되는 건 아니야."
>
> "그런데 다른 친구들이 좋아하는 것에 비하면 저는 좋아하는 게 아닌 것 같기도 해요."

이번에는 어떤 관점을 발견하셨나요? 좋아하는 정도를 상대평가하고 있습니다. 남들보다 더 좋아하지 않으면 좋아하는 게 아니라는 생각은 틀렸습니다. 덜 좋아하는 것은 좋아하지 않는 것이 아닙니다. 덜 좋아하는 것이 반드시 나쁜 것도 아닙니다. 누군가는 한 가지 일을 100만큼 좋아하고, 다른 누군가는 두 가지 일을 각각 50만큼 좋아할 수도 있습니다. 누가 옳고 그름은 없고, 누가 더 바람직한 것도 아닙니다.

"너 치킨 좋아해?"

"네."

"프라이드랑 양념 중에 뭐가 더 좋아?"

"프라이드요!"

"프라이드 왜 좋아?"

"겉바속촉"

"겉은 바삭하고 속은 촉촉한 거?"

"네!"

"그럼 겉바속촉이 왜 좋아?"

"처음에 먹을 때 바삭한 느낌이 좋아요. 근데 또 고기는 부드러워서 좋고요."

"그렇구나. 그럼 바삭한 느낌은 왜 좋아? 부드러운 고기는 또 왜 좋아?"

"……"

"설명하기 어렵지? 선생님이 짓궂게 계속 물어보면 억지로 이유를 얘기할 수도 있겠지만 그 이유가 과연 진짜 좋아하는 이유일까? 그리고 그 이유들이 전부일까? 프라이드치킨이 그냥 좋은 것처럼 좋아하는 이유를 설명하기 어렵지만 그냥 좋은 것들이 있을 수 있어. 오늘 배운 첫 번째 신호 A는 프라이드 겉바속촉처럼 그냥 좋고, 끌리는 신호라고 생각해도 괜찮아."

> ✅ 상담 Key point
>
> ☐ 좋아하는 이유를 설명하지 못해도 괜찮다고 격려하기!
> ☐ 좋아하는 정도로 등수를 매길 수 없다는 것 알려주기!
> ☐ 좋아해도 괜찮다는 지지를 받고 싶은 마음 알아주기!

4 주제와 관련된 사례

① 배구여제 김연경 선수

현재의 탁월한 실력과 화려한 수상 경력을 생각하면 김연경 선수는 처음 배구를 시작하는 순간부터 주목받는 선수였을 것으로 생각할 수 있습니다. 하지만 사실 김연경 선수는 처음 배구를 시작할 때 키가 작아서 후보 선수로 시작했고, 고등학교 입학할 때까지도 작은 키 때문에 계속 후보 선수였습니다. 고등학교 진학 후에도 키가 크지 않아 진로를 잘못 선택한 것은 아닌지 걱정하는 날들이 많았다고 합니다.

그러던 어느 날 김연경 선수는 키가 작아도 국가대표로 활약하는 뛰어난 선수들이 많으며, 그들은 신체적 조건에 흔들리지 않고 실력으로 자신의 몫을 해내고 있다고 생각하여 배구선수에 대한 관점을 변화시켰습니다. 자신의 노력으로 변화할 수 없는 상황에 집착하기보다는 기본 실력을 탄탄하게 해서 선수로서 자질을 향상시키는 것에 집중하자고 결심하며 연습에 온 힘을 쏟기 시작하였습니다. 자신의 의지와 노력으로 성취할 수 있는 목표를 세우자 그는 다시 활기를 되찾게 되었고, 다른 선수들이 다 쉴 때 연습에 매진하는 그야말로 연습벌레로 하루하루 충실하게 훈련하였습니다. 신체적 조건을 보완하기 위하여 경기의 흐름을 파악하는 능력을 향상시키고 안정된 서브 실력을 키웠으며 수비 실력도 높였습니다.

그러던 중 고2로 올라가면서 1년에 12cm나 자라더니 그 이후로도 계속 자라 192cm가 되었습니다. 그렇게 신체 조건이 좋아지면서 그동안 준비한 기본기가 빛을 발하기 시작하였습니다. 키가 큰 선수들이 공격 위주의 경기를 하다 보니 상대적으로 수비에 약한 편인데 김연경 선수는 그동안의 맹연습을 통하여 수비가 강하고 몸도 빠른 편이었습니다. 큰 키로 공격이 강할 뿐만 아니라 안정적인 수비도 갖춰 주목을 받았으며, 결국 청소년 국가대표로 발탁되었습니다. 후보 선수 시절의 연습이 김연경 선수를 빛날 수 있도록 한 것입니다.

키가 작은 후보 선수였을 때 다른 친구들이 낮잠을 자는 동안에도 혼자 나와 체육관 벽을 상대 삼아 연습을 할 만큼 연습에 집중할 수 있었던 이유는 그냥 배구가 너무 재미있어서였다고 합니다. 배구가 너무 좋아서 키가 작았던 때에도 신체적인 조건을 뛰어넘을 수 있도록 훈련에 매진할 수 있었다고 합니다. 또한 배구를 좋아하고 최선을 다한 그녀는 뛰어난 실력으로 실업팀에 입단한 후에도 배구에만 집중하기 위해 오래된 악습을 없애고자 먼저 소신 있게 자신의 의견을 말한 에피소드를 TV 프로그램에서 전하기도 하였습니다.

불리한 신체 조건에도 좋아하는 일을 포기하지 않고, 좋아하는 일을 더 잘하기 위하여 몰입해서 연습하였기에 기회를 만났을 때 배구선수로서 폭발적으로 성장할 수 있었습니다. 배구에 대한 그의 열정을 많은 배구팬들이 알기에 그의 뛰어나고 자신감 넘치는 플레이에 더욱 열광하며 지지하고 있는 것이라 생각합니다.

내가 어떤 일에 끌리는지를 아는 것, 그리고 내가 좋아하는 활동을 발견하는 것이 진로 설계에 있어서 매우 중요한 직업 흥미를 찾는 것과 연결된다는 것을 김연경 선수의 사례에서 잘 알 수 있습니다.

② 김대연 강사의 검도 이야기

저는 초등학생 때부터 대학 시절까지 검도라는 운동과 늘 함께했던 사람입니다. 별생각 없이 취미로 시작했던 운동이 시간이 지나고 나니 어느새 저의 전공이 되어 있었습니다. 대회에 출전해서 메달을 따며 보람을 느끼기도 하고, 대학진학을 목표로 강도 높은 훈련을 견디기도 했지만 그런 시간이 마냥 행복하지는 않았던 것 같습니다. 행동의 동기가 뚜렷하지 않고, '늘 해왔으니까', '일단은 해야 할 것 같으니까…' 이런 막연한 생각 때문이지 않았나 생각합니다.

그렇게 시간이 흘러 어느새 졸업을 앞둔 시점이 왔고, 실력이 쌓인 만큼 걱정도 커졌던 것 같습니다. 주전 선수가 되어 전국 대회에서 우승을 하기도 했지만 역시나 그뿐이었습니다. 다들 자신만의 꿈을 찾아가는데 도대체 나는 학창 시절부터 뭘 한 걸까? 제 학창 시절이 원망스럽기만 했습니다. 그렇게 학창 시절을 생각하다 문득 고1 때의 기억이 떠올랐습니다. 선생님께 죽도록 맞았던 안 좋은 기억이었습니다. 왜 하필 안 좋은 기억만 떠오르던지… 제가 커닝을 하다 들켰는데 정말 끝없이 맞았던 기억이 납니다. 제가 맞다가 쓰러지자 저와 함께 답을 공유했던 친구가 "제가 대신 맞겠습니다!"고 외쳤다가 더 맞았던 기억이 납니다. 참고로 저희 둘 다 공부를 썩 잘하지 못하는 비슷한 수준이었습니다. 지금 생각하면 도대체 왜 그랬는지 이해가 안 됩니다.

그리고 일주일 후 선생님께서 저를 교무실로 불러 해주신 말씀이 생각납니다. 저의 잘못된 행동을 훈계하시면서 동시에 주변 사람들에게 신뢰받고 원만한 대인관계를 유지하고 있는 저의 장점에 대해 이야기해 주셨고, 그 장점을 좋은 방향으로 사용하면 주변에 더 많은 사람들이 행복해질 것 같다는 말씀을 해주셨습니다. 그때 왠지 모를 따뜻한 감정과 두근거림을 느끼면서 나도 누군가에게 긍정적인 변화를 만들어주는 사람이 되고 싶다는 생각을 했던 것 같습니다. 그 순간의 기억이 처음으로 전공 외의 대학 생활에 관심을 갖게 했던 것 같습니다. 편한 수업보다는 흥미로운 수업을 찾게 됐고 그 과정에서 사람과 영향력에 대해 배우는 리더십과 관련된 교양수업, 리더십과 관련된 초청 강연을 찾아 듣기도 했습니다. 강사님들의 변화된 스토리를 들으며 '나도 변할 수 있을까?', '나도 누군가의 변화를 도울 수 있을까?' 상상하며 두근거렸던 감정이 지금도 뚜렷합니다.

그렇게 관심 분야를 쫓다가 결국 추가 학기를 등록하여 경영학을 복수전공했고 처음으로 장학금도 받아 봤습니다. 즐거웠습니다. 그리고 즐거움을 쫓으며 달성한 성과는 그 어느 때보다 보람되고 기뻤습니다. 지금도 강의장에서 마주치는 청중들을 생각하며 어떻게 그들에게 도움을 줄 수 있을까, 어떻게 긍정적인 변화를 이끌 수 있을까 생각하면 즐거워 시간 가는 줄 모릅니다.

그냥 지나칠 수 있는 하나의 기억이 다시 생각해보니 변화의 계기가 됐던 것 같습니다. 어쩌면 변화를 위해 계기를 찾고 있던 것일지도 모르겠습니다. 다만, 누구에게나 자신만의 적합한 영역(강점)이 있다는 걸 말하고 싶습니다. 조금만 관심을 갖고 자신의 삶을 새로운 관점으로 바라본다면 나다움을 찾을 수 있는 신호를 발견할 수 있을 거라 생각합니다.

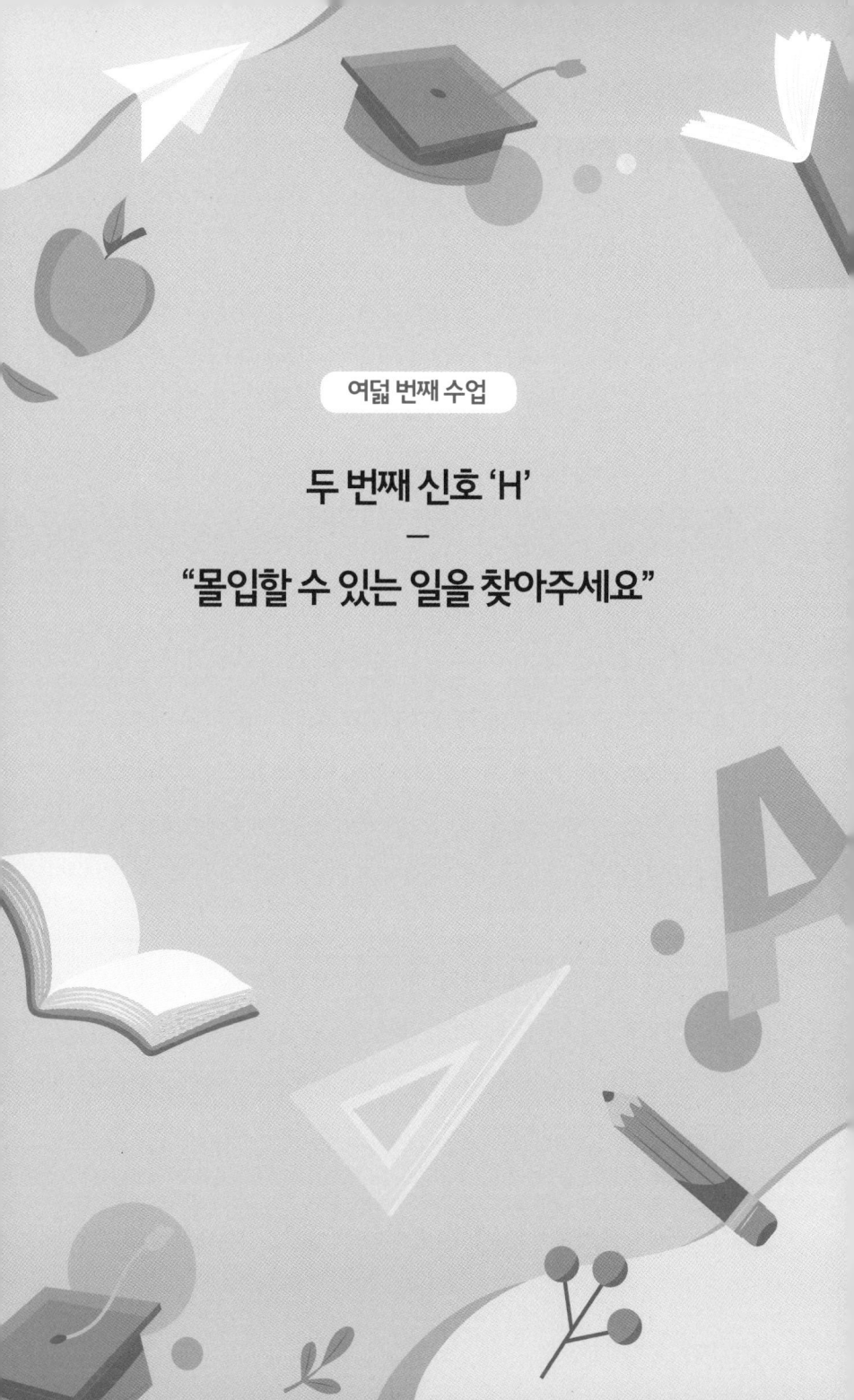

여덟 번째 수업

두 번째 신호 'H'
―
"몰입할 수 있는 일을 찾아주세요"

1 수업 준비

① 수업 준비 회의록

"이번 시간은 강점을 찾는 두 번째 신호이자 직업 적성과도 연결되는 'H(Happy)', 행복이 주제에요. 'AHA 진로' 프로그램에서 H는 행복감을 느낄 수 있는 일, 몰입할 수 있는 일을 의미해요."

"그런데 몰입과 적성은 어떤 관련이 있을까요?"

"직업 적성에 맞는 일을 할 때 몰입이 더 잘 되는 것 같아요. 물론 직업 적성에 맞지 않는, 거리가 먼 일을 할 때도 몰입을 할 수 있겠죠. 하지만 제 생각에 그 과정을 지속하기는 어려울 것 같아요. 왜냐하면 우리가 스스로 잘하고 있다고 느낄 때 계속하고 싶고, 더 잘하고 싶은 마음이 드는 것 같거든요. 외부에서의 긍정적인 피드백도 몰입과 지속에 도움이 될 것 같구요."

"저도 제 적성에 맞지 않는 일을 해야 한다면, 잘하고 싶은 마음에 노력은 하겠지만 부정적인 스트레스를 많이 받을 것 같아요. 하고 싶지 않은데 해야만 하는 느낌? 이러한 느낌은 두 번째 신호 Happy와 반대인 것 같아요."

"적성에 맞지 않는 일을 하는 것도 행복하지 않지만 적성이 아예 없다고 생각하는 경우도 안타까운 일이라 생각해요. 많은 청소년들이 적성을 생각할 때 타인이 기준인 경우가 많고 친구와 비교해서 잘하지 못한다고 생각하면 잘하는 것이 없다고 생각하거든요. 그러면 자연스럽게 도전하지 않거나 꾸준히 노력하지 않는 경우도 생기고요. 이번 수업에서 강조하고 싶은 것은 타인과 비교하지 않고 나를 기준으로, 내가 할 수 있는 것 중에서 가장 잘하는 것을 찾아보자는 거예요."

"맞아요! 그래서 'AHA 진로' 프로그램에서 다중지능을 활용하는 이유이기도 하구요. 저는 처음에 다중지능검사를 접했을 때 엄청 기뻤어요. 다중지능을 통해 각자 뛰어난 분야들을 생각해볼 수 있다는 게 큰 의미가 있다고 생각했거든요."

"그럼 적성은 타고나는 걸까요? 아니면 노력에 의해 만들어지는 걸까요? 사람들은 '타고났다'는 표현도 자주 하잖아요. 적성은 선천적인 걸까요? 아니면 후천적인 걸까요?"

"교육학에서 끊임없이 논의되는 부분이네요. 지능과 재능은 유전적, 선천적으로 바라보는 시선이 강했어요. 마커스 버킹엄도 타고난 부분에 대해 강조했고, 다중지능도 사람들마다 타고난 지능이 있다는 점을 인정한 부분이 있고요."

"의견이 분분하겠지만 타고난 적성과 후천적 노력이 함께 이루어질 때 나의 길(진로)에 행복하게 몰입하고 또한 원하는 성과를 얻을 수 있다는 것에는 모두 동의하는 것 같네요."

"이번 수업에서 선생님들의 역할은 직업 적성을 재미있게 탐색하고 이를 성장시킬 수 있게 도와주는 것이라고 생각해요."

② **수업 목표와 기대 사항**

여덟 번째 수업의 목표는 다음과 같습니다.

- ◆ AHA의 Happy의 의미 이해시키기
- ◆ 진로 설계에 있어서 직업 적성을 찾는 것의 중요성 알게 하기
- ◆ 자신이 몰입하는 것과 직업 적성을 탐색할 수 있게 돕기

나아가 학생들이 수업을 듣고 아래와 같이 생각하거나 말한다면 수업 목표를 달성했다고 말할 수 있을 것 같습니다.

- ◆ 아! 나는 이런 활동을 할 때 몰입하는구나!
- ◆ 나의 직업 적성이란 말이 어려웠는데 이제 어떤 뜻인지 알겠다!
- ◆ 직업 적성을 발견하는 것이 나의 강점을 발견하는 데 있어서 중요하구나!

2 수업 진행

① **수업 대본과 진행 노하우**

여러분. 선생님이 학교 다닐 때, 제일 좋아하고 자신있어 했던 과목은 어떤 과목이었을까요?

학생들 언어요~ 음악이요~ 미술이요~

네, 선생님은 수학을 제일 좋아했어요.

학생들 네? 설마.

수학을 좋아해서, 스트레스를 받으면 수학 문제를 풀었어요. 혼자 공부하는 시간에는 수학만 하고 싶었어요. 수학을 잘하는 편이어서 공부할 때 스트레스도 안 받고, 정답을 맞힐 때의 기분이 정말 좋았거든요. 담임선생님께서는 수학 말고 다른 공부 좀 하라고 야단하기도 하셨어요. 수학 다음으로는 음악을 좋아했어요. 선생님 목소리 크고 톤도 높은 거 알죠? 장기자랑 시간에도 항상 노래를 불렀답니다. 마지막으로, 선생님은 달리기를 잘했어요. 체육을 그럭저럭 잘하는 편이었지만 특히 달리기를 잘해서 초등학교 때 반 대항 계주선수로 뽑힌 적도 있어요.

학생들 음…

믿지 못하는 눈빛, 흔들리는 저 눈빛. 역시 여러분은 센스 가득이군요. 맞아요. 여기서 진실은 하나! 한 가지는 진짜, 두 가지는 가짜입니다.

1번. 수학을 잘했다.

2번. 노래를 잘 부른다.

3번. 달리기를 잘한다.

조별로 1분간 이야기 나눈 후 이 중에서 진짜일 것 같은 한 가지를 선택하여 손가락으로 올려볼게요. (1분 후) 그럼 모두 손가락을 올려주세요. 하나, 둘, 셋!

정답은 '1번, 수학을 잘했다'입니다. 아직까지 믿지 못하는 그 눈빛은 뭐죠? 선생님은 수학을 정말 좋아했어요. 반대로 노래는… 지금도 노래방에 가면 친구들이 마이크 못 잡게 해요. 오직 박수만 허락하죠. 체육은 공으로 하는 운동은 좋아했지만, 달리기는 못 했어요. 좋아했지만 잘하지 못했던 과목 중 하나였어요.

자, 여러분도 선생님이 한 것처럼 각자 '진진가(진짜진짜가짜)' 게임을 해볼게요! '진진가' 게임은 나에 대한 진짜와 가짜 소개를 퀴즈로 만들고 함께 풀어보는 겁니다.

우선 나에 대한 진짜 한 가지, 가짜 두 가지를 작성한 후 조 안에서 이야기 나누고 친구들의 진짜 한 가지를 찾아볼게요. 오늘의 주제는 '나는 ○○을 잘한다'입니다. 학교 과목도 좋고, 학교 과목 아니어도 좋습니다. '나는 ○○을 잘한다', '나는 ○○상을 받은 적이 있다', '나는 ○○ 잘한다는 소리를 들어봤다' 등등, 자기 자신의 경험을 쓰는 거예요.

학생1 선생님 잘하는 게 없는데요.

처음에는 내가 잘하는 점을 찾는 것이 어색하거나 생각이 잘 안 날 수도 있어요. 학교 과목에 그치지 말고 범위를 넓게 생각해 보세요. 가장 중요한 것은 친구, 형제 등 타인과 비교해서 잘하는 것이 아니라 평소에 내가 잘하는 것을 찾아보는 거예요.

(작성 후) 그럼 조별로 손이 가장 큰 사람부터 퀴즈를 진행하고 오른쪽으로 돌아가며 퀴즈를 진행해주세요. 조별로 가장 많이 맞추는 사람은 누구일까요?

아하! 포인트

학생들이 모두 준비되면, 조별로 가짜 혹은 진짜 맞히기를 진행합니다. 한 명씩 돌아가면서 문제를 내고, 나머지 조원들이 가짜라고 생각한 숫자를 손으로 표시합니다. 모두 표시하면 정답을 공개하고, 간단하게 부연설명을 해줍니다.

(조별로 퀴즈 진행 후) 함께 퀴즈를 맞추면서 내가 잘하는 점, 친구가 잘하는 점을 알게 되었네요. 선생님도 여러분의 진진가 게임을 보면서 여러분들에 대해 더 알 수 있었던 즐거운 시간이었어요. 이렇게 우리는 잘하는 게 많답니다. 오늘은 내가 잘하는 것 중 '직업 적성'과 관련된 부분을 다양한 활동과 함께 알아볼게요.

'직업 적성'이라는 단어가 낯설게 느껴지는 학생도 있고, 어렴풋이 아는 학생도 있을 거예요. AHA에서 직업 적성이란 몰입할 때 행복함을 느낄 수 있는 신호로서, 다르게 표현하자면 내가 잘할 수 있는 분야를 말합니다. 직업 적성을 알아보는 방법은 여러 가지지만, 오늘은 다중지능을 기반으로 직업 적성을 찾아보려고 해요.

학생1 오? 나 해봤는데.
학생2 들어본 것 같은데.
학생3 그게 뭐야?

다중지능 검사를 이미 접해본 학생들도 있을 테고, 오늘 처음 보는 학생도 있는 것 같네요. 선생님이 초등학교에 다닐 때는 학교에서 IQ 검사를 했어요. 앗, 선생님의 나이가 공개되나요! 선생님 나이 계산하지 마세요.

IQ 검사는 지적능력을 수치화한 검사로, 오랫동안 많은 곳에서 활용되고 있는 검사 중 하나입니다. 그런데 IQ와 같은 단일지능에 대한 비판이 일었고, 그 문제점을 극복하기 위해 1983년 하워드 가드너 교수가 다중지능 검사를 개발했어요. 다중지능검사는 인간의 지적능력을 폭넓게 보고 지능을 여덟 개 영역으로 나누었으며, 다양한 문화를 고려한 지능 검사예요.

출처 : 다중지능연구소

다중지능에서는 여덟 가지 영역으로 나누어서 지능검사를 하고 있어요. 여러분, '나의 첫 번째 지능은 무엇일까?'에 대해 한번 생각해볼게요. 그리고 실제로 다중지능 검사를 직접 해본 친구들은 어떤 지능이 높게 나왔나요?

아하! 포인트 ☆

여덟 가지 지능을 교사가 설명해주는 방법도 있지만, 학생들이 다중지능에 관한 간단한 표를 읽고 자신에게 어울리는 지능을 체크하는 것도 효과적인 방법입니다. 혹시 시간이 가능하다면 56문항의 간이 다중지능검사를 실시하여도 좋습니다.

여덟 가지의 지능은 개인에 따라 정도의 차이는 있지만, 사람은 여덟 가지 지능을 모두 가지고 태어나요. 그리고 여덟 가지 지능은 따로따로 작용하는 것이 아니라 서로 영향을 주고받으며 협력하고 있어요.

오늘은, 조별 게임이 아니라 우리 반이 함께 영역별 미션을 통과하는 방식으로 진행될 거예요. 조별 경쟁이 아니라 반 전체가 함께한다는 것을 잊지 마세요! 조별로 의논해서 지능영역별 선수들을 선출한 후 나눠 준 종이에 선수 이름을 작성해주세요.

아하! 포인트

조 인원수와 수업 시간을 고려하여 지능영역을 줄여서 진행해도 좋습니다(예 : 언어지능, 논리수학지능, 신체운동지능, 음악지능 등 네 개 영역). 영역을 줄여서 진행할 경우 학생들에게 오늘 진행될 지능영역을 공지하며, 더불어 모든 학생이 한 가지 영역에 이름을 기재할 수 있도록 돕습니다. 참여하지 않는 학생이 있거나 또는 한 학생이 여러 영역에 이름을 기재하지 않도록 유의합니다.

첫 번째 미션! 각 조 대표 언어지능 선수들 앞으로 나와 주세요. (5조 기준) 다섯 명의 언어지능 선수들이 등장하고 있군요. 한 줄로 서 주세요. 오늘의 언어지능 미션은 두구두구두구~ 바로, 네 글자 게임입니다.

학생1 네 글자?
학생2 그거 있잖아. 예능 프로그램 <신서유기>에 나온 게임.
학생3 헉.
학생4 아, 그거. 괜히 긴장했네.

예를 들어볼까요? 반 친구들 모두 함께 대답해주세요. 선생님이 '와이'라고 말하면,

학생들 파이
모나
학생들 리자

오, 역시! 그렇게 하면 되고요. 왕복으로 진행하겠습니다. 언어지능 선수들 준비되었나요? 그럼 시작할게요.

공기

학생1 놀이

술래

학생2 잡기

얼렁

학생3 …뚱땅!

아슬아슬했네요. 카멜

학생4 라?

땡! 네 글자 게임입니다. 세 글자 안 돼요.

학생들 한 번 더해요!

좋아요. 첫 게임이니까 한 번 더 기회를 줄게요. 하지만 더 이상 연습게임은 없어요. 이번에는 다섯 번째 선수부터 시작해보겠습니다.

고진

학생5 감래

학생들 오!

태권

학생4 브이

갑오

학생3 징어

학생들 대박!

스타

학생2 워즈

붉은

학생1 사과

사과? 좋습니다! 다음은 제기

학생1 차기

만사

학생2 형통. 저한테 계속 어려운 문제만!

삼성

학생3 전자

소녀

학생4 시대

쓰레

학생5 기통

통과! 우와, 언어지능 친구들에게 박수! 선생님도 긴장했는데 우리 반 친구들 멋있게 성공하였습니다. 그럼 다음은… 논리수학지능 선수들 나와 주세요.

학생들 ○○야, 넌 꼭 나가야지. 선생님 ○○가 제일 수학 잘해요!

이번 미션은 선생님이 화면에 문제를 보여줄 거예요. 다섯 명의 논리수학지능 선수들이 서로 토의해서 정답을 맞히면 됩니다. 시간은 3분. 3분 안에 맞춰야 합니다. A4용지와 펜 가져와도 좋습니다. 그럼 준비됐나요? 문제 나가겠습니다!

> **물음표에 들어갈 숫자는?**
> 124 – 479 – 462 – 583 – 248 – 2**?**1 – 355

학생1 선생님, 정답은 한 번만 말할 수 있나요?

아니에요! 여러 번 말할 수 있어요. 단, 그 숫자인 이유도 맞췄을 때 정답으로 인정합니다.

학생2 7?

그 이유는요?

학생2 왠지…

힌트가 될 수도 있을 것 같은데, 7은 아니고요!
여러분 함께 푸는 문제입니다. 서로 의논해서 정답을 맞혀주세요.

(논리수학지능) 학생들 선생님! 3이요!

3? 이유는 무엇인가요?

학생4 가운데 숫자에 7을 곱하면 양쪽 숫자가 돼요. 예를 들면 124는 2 곱하기 7을 해서 14, 479는 7 곱하기 7은 49여서 양쪽에 4랑 7. 그래서 문제인 2물음표1은 21이 되기 위해서… 3이에요.

학생들 대박. 천재.

정답! 여러분 3분도 아닌 2분 안에 정답을 맞췄어요! 그럼 정답 확인해 볼까요?

물음표에 들어갈 숫자는?
124 – 479 – 462 – 583 – 248 – 2**3**1 – 355

논리수학지능 선수들, 정말 수고 많으셨고요! 자, 논리수학지능 선수들은 제자리로 들어가고, 이번에는 신체운동지능 선수들 앞으로 나와 주세요. 이번에는 두 가지 미션을 통과해야 합니다. 바로 '생수병 세우기'와 '고깔모자쓰고 제기차기'입니다

3명의 친구가 생수병을 돌려서 세우기를 순서대로 성공한 후 남은 2명이 고깔모자를 얼굴에 쓰고 작은 구멍으로 보면서 제기차기를 2번 하는 거예요. 동시에 하는 것이 아니라 순서대로 성공해야 합니다.

학생1 만약 실패하면 첫 선수부터 다시 시작하나요?

네, 처음부터 다시 합니다. 하지만 순서와 담당자는 여러분들이 선정할 수 있어요.

학생2 시간은요?

음, 시간은…

학생3 10분이요!

하하. 우리 수업 시간이 길지 않아요. 시간은 3분 줄게요. 단, 연습 시간 2분 드리겠습니다. (2분 후) 여러분, 역할별 담당자와 순서 정하셨나요?

(신체운동지능) 선수들 네

우리 모두 응원하는 마음을 담아, 준비 시작!

아하! 포인트

신체운동지능을 포함하여 퀴즈 및 활동들은 학생들의 학년 및 실력을 고려하여 난이도를 조절하여야 합니다. 혹시 첫 도전에 실패할 수도 있기 때문에 여분의 퀴즈 및 활동을 준비하고 시간을 조절하여 진행하는 것이 중요합니다.

오, 통과! 선생님은 월드컵보다 더 떨면서 봤어요. 아직도 가슴이 콩닥콩닥하네요. 잠깐 인터뷰를 해볼까요? 학생5 선수, 사실 고깔모자를 써서 제기가 잘 안 보였을 텐데 성공한 비결은 무엇인가요?

학생5 그냥…

그냥요?

학생5 감으로 하는 것 같아요. 발을 올리면 제기가 와있는 느낌?

그렇군요! 제기가 선수를 따라간 거군요. 탁월한 적성인 듯합니다. 우리 신체운동지능 선수들에게 큰 박수 부탁드립니다.

마지막으로 음악지능 선수들 나와 주세요! 이번 미션은 전주(음악 앞부분) 듣고 제목 맞히기입니다.

학생들 오, 재밌겠다. 이건 쉽다.

음악 장르는 다음과 같은 순서로 되어있습니다. '가요-클래식-동요-2010년대 가요-팝송'이며 왕복입니다. 총 10문항을 2분 이내에 맞춰야 하며 동요를 제외하고는 가수 이름도 맞춰야 합니다. 자신 있는 영역을 여러분이 논의해서 정해주세요.

학생1 난 가요!

학생2 …

학생3 클래식이 제일…

학생4 나는 2010년대 가요.

학생5 난 팝송이 자신있는데.

학생2 그럼 내가 클래식할게.

학생들 오!

그럼 준비되셨나요? 학생1-2-3-4-5 다시1-2-3-4-5 순서입니다. 준비 시작!

학생1 (1초 듣고 바로) 김하온 붕붕

정답!

학생2 드보르작 - 신세계로부터

학생들 우와!

학생3 (음악을 듣고 웃으며…) 뽀롱뽀롱 뽀로로!

정답! 정확한 정답을 맞힌 걸 보니 신서유기를 봤군요. 아니면 놀토인가?

학생4 (음악 시작 후 고민…) 샤이니 셜…? 아, 샤이니 링딩동!

학생5 (1초 듣고 바로) Anne-Marie의 2002

숨소리만 듣고 맞추는 실력! 다시 1번 선수 갑니다.

학생1 (시작한 후… 고민하며) 벤…열애 중?

정답!

학생1 휴! 헷갈렸어!

학생2 (음악이 나온 후…)

모두가 들어봤던, 하지만 제목이 헷갈릴 수 있는. 클래식하면 생각나는 인물이기도 하고요. 헤어…스타…일이…

학생2 아, 베토벤의 월광

정답!

학생3 (음악 시작하자마자) 똥 밟았네!

뭘 밟았다고? 정답!

학생4 아이유의 잔소리

다시 한번 기회를 줄게요!

학생4 아, 아, 아! 아이유와 임슬옹의 잔소리!

정답!

학생5 엘사의 Let it go!

엘사?

학생5 Idia Menzel의 Let it go!

통과!

네, 여러분 다양한 지능 활동을 하면서 선생님도 시간 가는 줄 몰랐네요. 여러분은 어떠셨나요?

학생들 재미있었어요!
학생1 TV로 볼 때는 쉬웠는데 실제로 해보니 떨렸어요. 막상 하니깐 생각이 안 나요.
학생2 난 쉽던데.
학생3 넌 쉬운 거 한 거야.

다양한 퀴즈와 활동을 함께 나눠서 재미있었을 뿐만 아니라, 자신 있는 분야에서 대표로 활약하는 내 모습에 뿌듯함을 느꼈을 것 같아요. 반대로 처음에는 자신 없고 걱정되었는데 도전해보니 나의 새로운 적성을 발견하여 잘하고 있는 내 모습에 즐거웠을 수도 있구요. 그리고 다른 감정을 느낀 친구들도 있을 거예요. 자신이 맡은 영역과 본 활동을 하면서 느낀 점을 간단히 적어볼까요? (작성 후)

이렇게 내가 잘하거나 나에게 잘 맞는 직업 적성과 관련된 일을 할 때 우리는 즐겁고 행복함을 느끼며 몰입할 수 있어요. 그래서 진로에서 직업 적성을 찾는 것이 중요하고요. 우리는 집과 학교에서 또는 그 외의 장소에서도 내가 잘하는 것, 나에게 잘 맞는 것을 찾고 배울 수 있는 기회가 있어요. 그 기회를 통해 자신을 알아가는 것이 중요합니다.

여기서 한 가지는 꼭 기억해주세요. 직업 적성을 찾을 때는 주변의 친구가 아닌 자기 자신을 바라봐 주세요. 타인과의 비교를 통해 적성을 찾는 것이 아니라 내가 가지고 있는 다양한 것 중 스스로 뿌듯하거나 잘하고 있다고 느껴지는 것, 또는 더 잘하고 싶고 성장하고 싶다고 느껴지는 신호에 귀를 기울여서 자신의 적성을 찾는 거예요. 그럼 happy라는 감정을 가져오는 나의 직업 적성을 찾는 기회를 많이 가져보길 바라며 우리는 다음 시간에 만날게요!

② 다양한 전달 방법들

- **나의 하이라이트 필름**

자신이 빛났던 순간을 그림과 글을 활용하여 표현하는 활동입니다. 빛났던 순간이 반드시 상을 받거나 등수가 정해지는 등의 결과를 만들어낸 것이 아니어도 괜찮습니다. 스스로 느끼기에 그 순간 자신이 자랑스럽고 뿌듯함을 느낀 경험이라면 자신 있게 표현하면 됩니다. 예를 들어 축구 시합에서 골을 넣어 친구들에게 축하를 받은 순간일 수도 있고, 노인 복지관에서 어르신들의 말동무를 해드렸는데 고맙다는 인사를 받은 순간이 될 수도 있습니다. 그리고 이러한 순간에 나를 빛나게 한 나의 능력이 무엇인지를 다중지능과 연결하여 본다면 자신의 직업 적성을 찾는 데 도움이 될 것입니다. 축구 시합에서 골을 넣은 순간이라면 신체운동지능, 봉사 활동에서 칭찬을 들은 경우라면 인간친화지능으로 연결하는 식으로 자신의 적성을 찾아볼 수 있을 것입니다.

위의 활동을 하기 전에 잠시 학생들에게 눈을 감게 하고, 다음 대본을 강사가 읽어주는 것도 좋습니다. 잔잔한 음악을 틀어놓고 할 수도 있습니다.

여러분, 반짝였던 나를 만나는 내면 여행을 잠시 떠나볼 거예요. 눈을 감고 심호흡을 해보겠습니다. 들이마시고 내쉬고, 들이마시고 내쉬고, 크게 들이마시고 내쉬고, 좋습니다. 내가 반짝반짝 빛났던 순간은 언제였나요? 스스로 느끼기에 나 자신이 자랑스럽고 뿌듯했던 그때, 저절로 미소가 지어지고 기분이 참 좋았던 그때, 언제였나요? 나는 어디에 있었나요? 무엇을 했나요? 주변에 뭐가 보이나요? 어떤 느낌이 드나요?
　잠시 시간을 갖고 생각해봅니다. (1분 정도의 침묵) 자, 이제 생각을 천천히 정리해봅니다. 그리고 잠시 후에 3, 2, 1이라고 말하면 눈을 뜨세요. 3, 2, 1. 좋습니다.

　이 활동은 누구에게나 잘 할 수 있는 것이 있다는 것을 느끼게 하는 것이 가장 중요합니다. 그래서 상을 받거나 등수가 정해지는 결과가 나온 것이 아니더라도 자신의 경험 속에서 스스로 잘했다고 느낀 순간이 있다면 그것을 적성으로 연결해보는 것입니다. 이를 통해 학생들의 자존감을 키워주고 자신이 잘하는 것이 있는 사람이라는 믿음을 갖고 적성을 발견할 수 있도록 준비하는 활동이기 때문에 오프닝에서 사용하면 도움이 됩니다.

● **다중지능 찾기 퀴즈**

다중지능의 개념을 쉽게 인식하도록 퀴즈를 통해 알아보는 활동입니다. 유명한 인물을 보여준 후 그 사람의 뛰어난 지능이 무엇인지를 맞추는 것인데 예를 들어 유재석은 언어지능, 손흥민은 신체운동지능 식으로 퀴즈를 통해 각 지능에 대한 이해를 돕는 것입니다. 그리고 추가로 유재석은 언어지능 외에 또 어떤 지능이 뛰어나다고 느끼는지를 이야기하게 하면 인간친화지능을 얘기하는 경우가 많은데 이를 통해 한 사람이 여러 가지 재능을 보일 수 있다는 것도 설명할 수 있습니다. 더불어 손흥민의 경우 신체운동지능과 함께 빈 곳으로 파고드는 움직임 속에서 공간지능도 사용된다는 것을 얘기하면 지능이 한 가지만 발휘되는 것이 아닌 여러 지능이 유기적으로 활용될 수도 있다고 설명하는 데 도움이 될 것입니다. 여기에 퀴즈 방식을 추가하여 한 가지 지능을 보여주고 관련된 유명한 인물을 찾을 수도 있는데 예를 들면 음악지능은 모차르트와 조수미를 얘기할 수 있습니다. 이때 같은 음악지능이지만 모차르트는 음악을 만들고 조수미는 노래하는 데 뛰어난 강점을 보인다는 것을 설명하여 하나의 지능이 다른 방식으로 발현될 수 있다는 것을 알려주면 다중지능의 개념을 이해하는 데 도움이 될 것입니다.

③ **알아두면 쓸 데 있는 이론과 개념**

● **적성과 재능**

적성適性을 직역하면 '적합한 특성'입니다. 적성을 다양한 특성으로 설명하지만 일반적으로 특정 활동을 하는 데 필요한 능력이라는 개념을 포함

합니다. 특히 주어진 과제나 직업 활동, 직무를 수행하는 데 요구되는 특수한 능력을 의미합니다. 적성의 개념에는 타고난 소질뿐만 아니라 학습된 능력도 포함됩니다. 따라서 적성은 적절한 훈련과 경험을 통해 개발될 수 있다고 보고, 한 개인의 성공 가능성을 예언해주는 잠재적 능력을 의미하기도 합니다. 반면에 재능은 특별히 배우지 않아도 무언가를 보통 이상으로 잘 해내는 천부적으로 부여된 특별한 능력, 즉 타고난 것이라는 관점이 지배적입니다. 'AHA 진로' 프로그램에서 다루는 두 번째 신호를 찾는 활동은 재능이 아닌 적성을 발견하는 것이 목적입니다.

● 몰입

몰입은 '무언가에 흠뻑 빠져 있는 심리적 상태'를 말합니다. 마틴 셀리그먼과 함께 긍정심리학의 창시자 중 한 사람으로 꼽히는 미하이 칙센트미하이는 몰입했을 때의 느낌을 '물 흐르는 것처럼 편안한 느낌', '하늘을 날아가는 자유로운 느낌'이라고 표현하며 현재 하고 있는 일에 심취한 무아지경의 상태라고 설명합니다. 일단 몰입을 하면 몇 시간이 한순간처럼 짧게 느껴지는 시간 개념의 왜곡 현상이 일어나고 자신이 몰입하는 대상이 더 자세하고 뚜렷하게 보인다고 주장합니다. 'AHA 진로' 프로그램의 두 번째 신호 'Happy'는 어떤 일을 하는 도중에 경험할 수 있는 신호로, 이를 통해 어떤 일을 할 때 몰입하게 되는지 발견할 수 있습니다.

3 진로 상담 Tip

"공부 잘하는 애들은 적성에 맞는 일도 많은 거 아니에요? 성적 좋은 애들은 여러 과목을 다 잘하고, 성적 안 좋은 애들은 어차피 다 못 하잖아요."

가끔 정말 못 하는 게 없는 엄친아 사기캐들도 분명히 있는 것 같습니다. 그야말로 다재다능한 사람입니다. 그렇다고 이런 사람들만 진로를 잘 찾고 그렇지 않은 사람들은 진로를 찾기 어려운 걸까요? 질문에 답을 하기 위해서 다시 진로에 대한 정의를 불러오겠습니다. '참된 나를 발견하고 행복하게 사는 삶', 그럼 다재다능한 사람은 참된 자기를 발견하여 행복하게 살고, 그렇지 않은 사람은 참된 자기를 발견하지 못하고 불행하게 사는 걸까요? 그렇지 않습니다. 사회적으로 성취를 이루는 데 있어서 적성은 매우 중요합니다. 그러나 자기다운 삶을 찾아서 행복하게 사는 데 적성이 전부는 아닙니다. 적성을 성적과 연결해서 질문한 학생에게 먼저 이렇게 공감했습니다.

> **공감하기**
>
> "너의 말도 일리가 있네. 여러 과목의 성적이 다 좋은 친구들은 잘하는 게 많은 거라고 생각할 수도 있겠다."
> "그렇죠. 어차피 공부 못하는 애들은 그냥 다 못해요."

확인하기

"성적을 기준으로 보면 여러 가지를 다 잘하고, 다 못하는 사람이 명확히 나뉠 수도 있겠다. 선생님도 완전 동의해. 두 번째 신호 H를 찾는 수업 시간에 다중지능을 소개한 거 기억나지? 혹시 전교 1등이 신체운동지능도 높아? 춤을 잘 추거나 운동도 엄청 잘해? 혹시 음악은 어떤지 모르겠네. 노래를 잘 부르거나 악기를 기가 막히게 연주한다거나 그런 건 어떨까? 아니면 그림은 잘 그려? 심지어 다중지능에는 대인관계지능도 있는데, 너처럼 선생님께 질문도 하고 말도 잘하는 것이 대인관계와 관련된 지능이거든. 전교 1등은 그런 면에서 어때? 아마 방금 말한 모든 면에서 전부 전교 1등은 아닐 것 같은데, 그치?"

질문하기 또는 정보 공유하기

"아무리 엄친아라도 그런 사람은 없을 것 같아. 선생님도 지금 성적을 매기는 기준에 대해서는 보완해야 할 점도 많고 개선할 것들도 많다고 생각해. 너희들을 줄 세워서 등수를 매기는 기준이 좋다고 생각하지도 않아. 학교에서 성적을 매기는 기준이랑 진로를 찾는 기준은 달라. 성적과 진로가 관련이 없지는 않지만 그렇다고 해서 진로가 성적으로만 결정되는 건 아니니까. 성적이 적성은 아니야."

많은 어른들이 행복은 성적순이 아니란 것을 잘 아시리라 믿습니다. 학교에서 등수를 매기지 않는 귀한 능력들도 많습니다. 다중지능의 대인관계지능, 자기성찰지능은 학교에서 평가하지 않습니다. 학업 성적을 평가하는 기준이 아니라 다른 기준으로 학생들을 봐주면 좋겠습니다. 분명히 잘하는 게 보일 겁니다. 칭찬하고 싶은 점들이 있을 겁니다. 다중지능에는 없는 유머감각, 배우 뺨치는 연기력이나 모사 능력이 있을 수도 있습니다. 게임할 때 특히 잘 발휘되는 순발력과 인내심도 칭찬할만한 점입니다. 적성에 있어서는 남들과 비교하지 않고 자기 안의 다양한 능력들과 비교할 수 있게 도와주시기 바랍니다. 정신과전문의 채인영 박사는 자신의 책 《꿈 PD 채인영입니다》에서 누구나 자기만의 천부적인 재능, 즉 천재성이 있다고 강조합니다. 이 천재성은 마치 마그마 같아서 그 사람을 끓게 만들고, 열정적으로 만든다고 합니다. 적성을 참 멋지게 표현하셨습니다. 우리의 천재성은 청소년들의 진로를 찾아주고 싶은 사명감, 다른 선생님과 비교하지 않아도 진로 공부가 좋아서 몰입할 수 있는 힘을 발휘하는 것 아닐까요? 학생들의 천재성을 찾아주기 위해서 이렇게 질문할 수도 있습니다.

"다른 사람과 비교하지 말고, 네가 할 수 있는 여러 가지 중에 가장 잘할 수 있는 건 뭐야?"

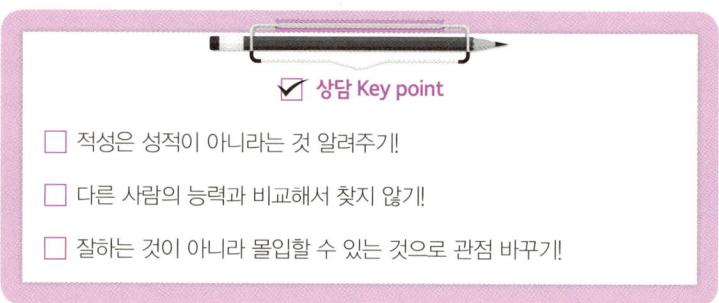

☑ 상담 Key point
☐ 적성은 성적이 아니라는 것 알려주기!
☐ 다른 사람의 능력과 비교해서 찾지 않기!
☐ 잘하는 것이 아니라 몰입할 수 있는 것으로 관점 바꾸기!

4 주제와 관련된 사례

① 로봇공학자 데니스 홍

　로봇공학자이자, UCLA 기계공학과 교수인 데니스 홍. 그는 파퓰러 사이언스가 선정한 젊은 천재 과학자 10인 중 한 명이자 현재 많은 청소년의 롤모델이기도 합니다.

　데니스 홍은 어렸을 때부터 과학에 대해 단순한 관심을 넘어 다양한 실험을 즐겼고 이를 통해 과학의 원리를 이해하기 시작했습니다. 하루는 유리가 깨지는 큰소리에 놀란 데니스 홍 어머니가 거실에 나가보니 이제 글자를 읽기 시작한 네 살의 데니스 홍이 과학실험을 하고 있었다고 합니다. 그림책에서 본 지렛대의 원리를 실험해보려고 탁자에서 유리를 빼내 그 위에 올라가면서 유리가 깨진 것입니다. 이뿐만 아니라 세 살 때는 마법의 약을 만들겠다며 인스턴트커피, 설탕, 밀가루, 꿀로 부엌을 난장판으로 만들기도 하고, 유치원 때는 땅끝을 확인하기 위해 늦은 시간까지 흙을 파낸 적도 있다고 합니다. 그 외에도 무모하게 보일 만큼 궁금한 과학원리를 스스로 실험하고 탐구하는 시간을 많이 가졌다고 합니다. 데니스 홍 부모님은 한 인터뷰에서, 이러한 과정을 통해 데니스 홍이 과학의 원리를 이해하고 더불어 자신감을 가질 수 있었던 것 같다고 이야기하였습니다.

　그러던 어느 날 데니스 홍 교수는 스타워즈를 본 후, 영화에서 나오는 로봇처럼 멋진 로봇을 만들고 싶다는 꿈을 가지게 되었습니다. 그 후 라디오에서 소리가 나는 걸 연구하면 영화의 로봇이 사람처럼 말하는 비밀을 알 수 있을 거라 생각하여 라디오를 분해, 조립하였고 TV의 원리를 이해하면 로봇이 화면을 내보내는 기술을 배울 수 있을 거라 기대하며 역시 분해와 조립을 하였습니다. 이 과정에서 비밀을 알게 되는 것은 실패하고 라디오와 텔레비전을 망가뜨리기만 하였습니다. 라디오와 텔레비전을 분해하고 조립하는 것으로는 로봇을 만들 수 없다는 것을 부모님과의 대화를 통해 알게 된 그는 로봇의 언어 즉 수학을 배워야 함을 알게 되었습니다. 데니스 홍은 그때부터 로봇의 언어를 열심히 공부하였습니다. 로봇 공학자가 되려면 이와 관련한 기본 학문을 배우는 것이 중요함을 알았기에 기초 학문에도 열중하였습니다.

데니스 홍 교수는 무모해 보일 수 있는 프로젝트를 성공한 경우가 많습니다. 그 원동력은 도전과 존중입니다. 대표적인 예가 로봇 손 '라파엘'의 발명입니다. 전쟁이나 사고로 손을 잃은 사람들에게 로봇으로 의수를 제작하여 줄 수 있으면 좋겠다는 생각으로 시작한 프로젝트로, 이전에는 로봇 팔이 너무 비싸 일반인들은 살 엄두를 내지 못했기에 제작비가 300달러가 넘지 않게 하여 많은 사람들이 접할 수 있도록 하는 것이 목표였습니다. 그 당시 로봇 손이 1만 달러가 넘는 것을 고려한다면 함께 연구하는 데니스 홍 교수의 제자들이 당황해하는 것도 당연하였습니다.

하지만 데니스 홍 교수는 안 된다고 생각하면 아무것도 이룰 수 없으니 브레인스토밍을 통하여 방법을 찾자고 제안하였으며 한 가지 규칙을 만들었습니다. 그것은 바로 '절대 어느 누구도 다른 사람의 아이디어나 의견을 비판할 수 없다'였습니다. 브레인스토밍 규칙 덕분에 학생들은 다른 이들이 비판하지 않을까 하는 두려움이 사라져 자유롭게 아이디어를 발표할 수 있었습니다. 새로운 발상을 찾는 브레인스토밍을 통하여 나온 창의적인 아이디어 중 가능할 것 같은 의견들은 간단한 실험을 진행시키고 이후 데이터를 통하여 가능하다는 결론이 나온 의견은 본격적으로 연구하는 방식으로 진행하였습니다. 이러한 도전과 존중을 통하여 일반인도 부담 없이 살 수 있는 금액의 로봇 의수를 제작할 수 있었습니다.

어려서부터 적성을 탐색하여 성장시켜왔고, 적성에 맞는 일을 해 왔기에 즐겁게 몰입할 수 있었던 데이스 홍 교수의 이야기는 진로 설계에 있어서 직업 적성을 찾는 것의 중요한 의미를 발견하게 해줍니다.

② 황주하 강사의 적성 발견 이야기

2012년 군 생활을 하며 주말에 TV를 보던 중 우연히 '스타특강쇼'라는 프로그램을 보게 되었습니다. '스타특강쇼'는 유명인, 연예인들이 나와서 각자 하고 싶은 이야기를 청중에게 강의하는 형식의 프로그램입니다. '스타특강쇼'를 보며 가장 먼저 든 생각은 '나도 저렇게 강의해보고 싶다'였습니다. 강의해보고 싶다는 생각과 동시에 떠오른 기억은 대학교 다니며 들었던 교양수업이었습니다. 15주 동안 진행되는 강의에서 15명의 다른 강사들(국회의원, 무역회사 부장, 대학교수, 웃음치료사 등)이 나와서 각자의 이야기를 한 교양수업이 떠오르면서 '나도 멋지게 강의하고 박수를 받고 싶다'는 생각이 들었습니다. 그 이후 강사가 되기 위해 여러 가지 동아리 활동에 참여했고, 대학 졸업 전에 전문 강사로 등단하여 지금까지 강의를 하고 있습니다. 진로, 강점, 흥미 등 여러 가지 주제로 강의하며 '나는 강의하는 것이 왜 이렇게 재밌고 행복할까?'라는 생각을 하게 되었습니다.

　강의를 하며 나에 대한 이야기를 할 때 사용할 자료를 찾던 중 유치원을 다닐 때부터 고등학교 졸업 전까지 받은 상장들을 정리해 놓은 파일을 보게 되었습니다. '내가 인생을 살면서 가장 처음 받은 상이 무엇일까?'라는 생각으로 파일을 펼쳐보았는데 가장 처음 받은 상은 일곱 살에 받은 '이야기상'이었습니다. 어렸을 때부터 다른 사람들 앞에서 이야기하는 것에 강점을 갖고 있었고, 상장을 보는 순간 유치원 졸업 답사도 대표로 했다는 기억이 떠올랐습니다. 지금 생각해보면 대단히 잘해서라기보단 일곱 살 아이가 재잘재잘 떠들 때 정말 행복해 보여서 이야기상이라는 상도 주고, 졸업 답사의 대표도 시킨 것이 아닐까 하는 생각이 듭니다.

　내가 잘하는 것을 타인과 비교하여 찾는 것이 아니라 내가 행복한 것, 몰입할 수 있는 것에서부터 찾아보는 것은 어떨까 합니다. 저는 말을 할 때 행복하고, 말을 하기 위한 준비를 할 때 몰입을 하게 됩니다. 그러다 보니 자연스럽게 '강사'라는 직업을 갖게 되었고, 강의를 하며 행복한 시간을 보내고 있습니다. 여러분은 무엇을 할 때 몰입하고, 또 행복한가요?

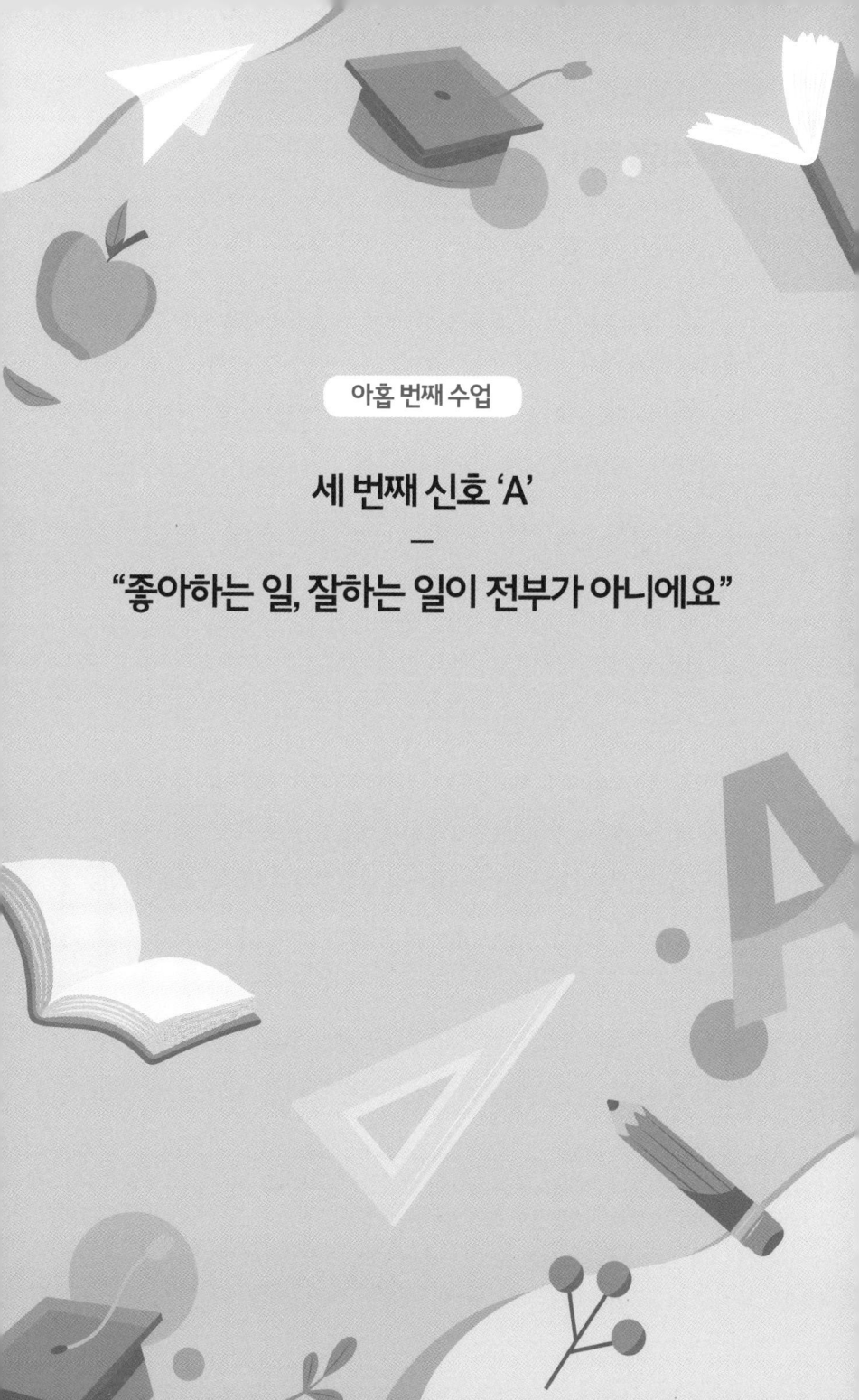

아홉 번째 수업

세 번째 신호 'A'
—
"좋아하는 일, 잘하는 일이 전부가 아니에요"

1 수업 준비

① 수업 준비 회의록

"이제 A,H,A의 마지막 신호를 찾는 시간이네요. Again 신호는 적성과 흥미에 비해 경험이 끝나고 난 시점에 느껴진다는 것이 핵심인 것 같아요. 경험을 해봤더니 나의 가치관과 맞는지 맞지 않는지를 판단할 수 있으니까 청소년들에게 여러 가지 경험을 해보고 찾아보길 권하는 거죠."

"무엇인가를 하기 전에 관심이 있었고, 그 일을 할 때 재미있었는데 하고 나니 뭔가 만족스럽지 못하고 나랑 안 맞는 것 같다고 느낄 때 가치관을 꺼내서 판단기준으로 사용하면 좋다고 생각해요."

"직업 가치관에 대한 이해를 돕기 위해 워크넷의 '직업 가치관 검사'[10]를 하면 도움이 될 것 같아요. 진로를 전문적으로 연구한 학자들이 직업 가치를 13개로 정리해 놓았는데 기본적인 개념 정리가 잘 되어 있어서 직업 가치관을 이해하고 찾는 데 도움이 될 거예요."

"직업 가치에서 '직업'을 빼고 보면 결국 '가치'인데요. 인생에서 중요한 것을 의미하는 '가치'에 '직업'이 붙으면 '직업을 선택하는 데 있어서 중요

---

10 직업 가치관의 이해 및 적합 직업을 안내해주는 검사
　 출처 : https://www.work.go.kr/consltJobCarpa/jobPsyExam/youthValDetail.do

한 것'이라는 의미잖아요. 결국 직업 가치는 내가 직업을 구하는 데 있어서 추구하고 싶은 것, 충족하고 싶은 것이죠. 예를 들어 금전적 보상을 직업 가치로 추구하는 사람들은 금전적 보상을 충족시켜주고 그것을 통해 만족감을 느낄 수 있는 직업을 찾아야 행복할 수 있다는 거죠. 그런데 이것은 단순히 '난 금전적 보상이 중요해!'라는 생각으로 알게 되는 것보다 경험을 하고 나서 알게 되는 것 같아요. 그런 의미에서 강점을 찾는 세 번째 신호 Again과 정말 잘 연결되는 것 같아요."

"그런데 직업 가치를 경험하고 난 후에 명확히 알 수 있다고 하면 실제 경험하는 것에 제약이 있는 청소년들은 어떻게 하면 좋을까요?"

"맞아요. 청소년들이 구체적인 직무를 직접 경험하기는 어렵겠죠. 간접 경험을 할 수밖에 없을 텐데 중학생이라면 직업 박람회에 가거나 주변 사람들에게 듣고, 책이나 영상을 통해서 경험하는 정도일 것 같고요. 고등학생이라면 자원봉사나 아르바이트 등을 통해 보다 실질적인 경험을 할 수도 있을 거예요. 우리가 성인이라도 모든 직업을 직접 경험할 수는 없기 때문에 청소년들에게는 더더욱 간접 경험이 중요하다고 생각해요."

"경험을 한다는 것이 참 어려운 문제여서 모든 경험을 다 할 수는 없겠죠. 다만 청소년들이 좀 더 자신이 원하는 진로를 찾을 수 있도록 다양한 활동을 진행하고, 그 활동을 통해 학생들이 무엇이 더 가치 있는지 느끼게 함으로써 자신의 구체적인 진로를 찾아 나아갈 수 있게 하는 것이 수업의 목표라고 생각해요. 이번 주제는 그중에 직업 가치에 초점을 맞춰보는 거고요."

② 수업 목표 명확히 하기

아홉 번째 수업의 목표는 다음과 같습니다.

◆ 진로 설계에 있어서 직업 가치를 찾는 것이 왜 중요한지 알려주기
◆ AHA의 마지막 A의 의미를 이해하도록 돕기
◆ 직업 가치를 탐색하고 직업 가치관에 대해서 생각해보도록 돕기

나아가 학생들이 수업을 듣고 아래와 같이 생각하거나 말한다면 수업 목표를 달성했다고 말할 수 있을 것 같습니다.

◆ 진로 설계에 있어서 직업 가치를 찾는 것이 왜 중요한지 알게 됐어!
◆ AHA의 마지막 A, Again은 이런 의미였구나!
◆ 나는 이런 직업 가치관을 가지고 있었구나!

2 수업 진행

① 수업 대본과 진행 노하우

한 사람당 포스트잇을 두 장씩 가져가 주세요. 매직으로 하나의 포스트잇에는 크게 1, 다른 하나에는 2를 적어주세요. 그럼 이제 게임을 할 준비가 됐습니다. 밸런스 게임! 무조건 둘 중 한 가지를 선택해야 하는 게임인데요.

상황 1 : 나는 10만 원, 친구는 내 덕에 100만 원 받고 고마운 줄 모르기 vs 둘 다 1원도 안 받기

'나는 10만 원, 친구는 내 덕에 100만 원 받고 고마운 줄 모르기'를 선택하겠다면 '1'을, 친구가 그렇게 한다면 나는 '둘 다 1원도 안 받기'를 선택하겠다는 '2'를 올려주세요.

학생1 당연히 2 아니야?

상황 2 : 나를 좋아해 주는 사람 vs 내가 좋아하는 사람

학생1 아 놔, 선생님!

꼭 하나를 선택해야 합니다. 자, 마음의 결정해 주세요. 하나, 둘, 셋! 다음 문제는,

상황 3 : 다시 태어난다면 형, 누나, 언니, 오빠가 생판 모르는 남 vs 형, 누나, 언니, 오빠가 내 동생

잠깐만요. 학생3, 벌써 결정하고 올렸네. 혹시 형 있어요?

학생3 누나 2명이요.

아… 그랬구나. 그럼 모두 결정하시고, 올려주세요. 아, 이번에도 어려운 문제네요.

상황 4 : 전교 1등이지만 아싸 vs 전교 꼴등이지만 탑 인싸

여러분의 선택은? 그럼 여러분 직업을 선택할 때!

직업 상황 1 : 나의 능력을 충분히 발휘할 수 있는 기회와 가능성이 주어지는 직업 vs 힘들어도 노력과 성과에 대해 충분한 경제적 보상이 주어지는 직업

직업 상황 2 : 다른 사람들로부터 주목받고 인정받을 수 있는 직업 vs 항

상 새로운 것을 배우고 능력과 소질을 스스로 발전시킬 수 있는 직업

직업 상황 3 : 나만의 방식으로 원하는 시간과 장소에서 자율적으로 일하는 직업 vs 쉽게 해고되지 않고, 오랫동안 안정적으로 일할 수 있는 직업

직업 상황 4 : 도움과 격려가 필요한 사람들에게 희망과 용기를 줄 수 있는 직업 vs 늘 변화하고 혁신적인 아이디어를 내며, 창조적인 시도를 하는 직업

지금까지 진로를 찾을 때, '나는 무엇에 끌리지?', '내가 잘 할 수 있는 건 뭘까?' 고민해봤었죠. 이번 시간에는 흥미, 적성과 함께 직업에 대한 가치관 즉 '직업관'에 대해서도 생각해보는 시간을 가져볼게요. 직업 가치관은 직업을 선택하는 데 있어서 선택의 기준, 판단의 기준이 될 수 있습니다. AHA의 세 번째 A는 Again, 다시 하고 싶게 만드는 '직업 가치'입니다.

지금 이 쪽지들에는 직업이 하나씩 적혀 있습니다. 잠시 후 조별로 하나씩 가져가서 옆 조에 안 보이게 조심히 확인할 거예요. 그 직업의 핵심 가치, 즉 정말 중요하게 생각해야 하는 것은 무엇인지 조별로 논의하고, 이후에 진행될 가치 경매에서 그 핵심 가치를 획득해야 합니다. 그럼 각 조에서 금손 나와 주세요!

(제비뽑기한 후) 자리로 돌아가서 친구들과 함께 선택된 직업에서 중요하게 여겨야 할 가치들은 무엇일지에 대해 토의해 주세요. 옆 조에 들키지 않게 조심하고요. 조별로 100만 원의 예산을 드립니다. 100만 원 내에서 가치 두세 개를 사야 하며, 그 가치를 살 때는 타당한 이유가 필요합니다. 총 경매 가치는 13개입니다.

그럼 이제 가치 경매를 시작하겠습니다. 첫 번째 가치는 바로 '봉사'입니다.

1조 10만 원

3조 15만 원

5조 17만 원

1조 20만 원

3조 25만 원

3조, 25만 원이 나왔는데요. 혹시 더 높은 가격을 부를 조는 없나요? 그럼 3초 후에 마감하겠습니다. 하나, 둘, 셋! 네. 그럼 첫 번째 가치 '봉사'는 3조에 낙찰!

3조 앗싸!

다음 가치는 '애국'입니다.

1조 10만 원

이번에도 시작은 1조네요.

3조 15만 원

1조 아, 또 3조… 20만 원

3조 22만 원?

1조 30만 원

3조 저희 조 포기

오~ 그럼 '애국'은 1조에 가나요? 3초 후에 마감합니다. 하나, 둘, 셋! 애국은 1조에 낙찰됐습니다. 다음은 '성취'입니다.

2조 20만 원

오, 이번에는 처음부터 높은데요?

4조 40만 원!

헉! 4조는 처음 경매에 참여한 것 같은데, 시작부터 40만 원. 어떤 직업일까요? 궁금해집니다. 혹시 더 높은……?

2조 45만 원

오. 점점 과열되는 이 분위기.

4조 50만 원!

학생들 대박

2조는 어떤 결정을 내릴까요? 그럼 3초 카운트하겠습니다. 하나, 둘, 셋! '성취'는 50만 원을 부른 4조에 낙찰되었습니다! 4조에 '성취'는 포기할 수 없는 핵심 가치인 것 같네요.

(가치 경매 진행 후) 조별로 두세 개씩의 가치를 가져가셨죠? 그럼 조별로 어떤 가치를 획득했는지 발표하고, 다른 조에서 어떤 직업인지 맞춰볼게요! 첫 번째로 5조가 발표해볼까요?

5조 저희 조가 가져간 가치는 '영향력 발휘', '몸과 마음의 여유', '실내 활동'입니다.

영향력 발휘, 몸과 마음의 여유, 실내 활동! 여러분 어떤 직업일까요?

4조 명상가?

5조 땡!

2조 디자이너?

5조 땡!

'땡!'이라고 이야기하는 5조 친구들 표정이 정말 밝은데요?

1조 선생님!
5조 땡! 근데 조금 느낌이 비슷해.
1조 초등학교 선생님!
5조 아니야!
2조 진로 선생님!
5조 진로 선생님이 우리에게 이 일을 해주기도 해.
3조 상담 선생님!
5조 정답!

5조의 직업은 상담 선생님, 상담원이었군요. 그럼 영향력 발휘, 몸과 마음의 여유, 실내 활동을 획득한 이유는 무엇인가요?

5조 학생 중 한 명 우선 영향력 발휘는, 상담원은 상담받으러 온 사람(내담자)에게 영향력을 미치며, 실내에서 상담이 진행되기 때문에 실내 활동이 중요한 가치입니다. 몸과 마음의 여유는…

4조 상담원 스트레스 많이 받지 않나…?
5조 상담원이 몸과 마음이 여유롭고 안정적일 때 (내담자와의) 상담을 더 잘 진행할 수 있기 때문에 매우 중요한 가치라고 생각합니다.

아하! 포인트

본 활동을 진행할 때 획득한 세 개의 가치가 핵심 가치로 생각하기 어려운 가치일 수 있습니다. 하지만 아이들 스스로 가치에 대한 의미 부여를 할 때 재미를 느끼고 이 활동의 의미를 찾을 수 있기 때문에 선생님께서는 학생들에게 잘못되었다고 알려주기보다는 아이들 스스로 직업관의 중요함을 인지할 수 있도록 돕는 것이 좋습니다.

상담원에게 중요한 핵심 가치에 대해 설명해 준 5조 감사합니다. 그럼 이번에는 1조가 발표해볼까요? (위와 동일한 방법으로 직업 맞히기 활동 진행)

(정답 예시)
1조 군인
2조 축구 선수
3조 보육 교사/어린이집 교사
4조 스타트업 대표
5조 상담원

본 활동을 통해 우리는 직업별로 핵심 가치가 다름을 알 수 있었으며, 자신에게 소중한 가치를 실현할 수 있는 직업들이 있음을 알 수 있었습니다. 이번 직업 가치 경매 활동은 워크넷에서 안내하는 직업 가치 13가지를 활용했어요. 그럼 여러분이 생각했던 직업 가치의 의미와 비교해볼까요?

(약 3분 내외로 학생들이 가치를 볼 수 있는 시간을 가집니다)

하위 요인	설명
1. 성취	스스로 목표를 세우고 이를 달성하는 것을 중요하게 생각함
2. 봉사	남을 위해 일하는 것을 즐겨함
3. 개별 활동	여러 사람과 어울려 일하기보다는 혼자 일하는 것을 중시함
4. 직업 안정	직장에서 오랫동안 안정적으로 종사하는 것을 중시함
5. 변화 지향	업무가 고정되어 있지 않고 변화하는 것을 선호함
6. 몸과 마음의 여유	마음과 신체적인 여유를 가질 수 있는 업무나 직업을 선호함
7. 영향력 발휘	타인에 대해 영향력을 발휘하는 것을 중시함
8. 지식 추구	새로운 지식 습득을 좋아함
9. 애국	국가를 위해 도움이 되는 일을 하고자 함
10. 자율성	자율적으로 업무를 해나가는 것을 선호함
11. 금전적 보상	금전적 보상을 중요하게 생각함
12. 인정	타인으로부터 인정받는 것을 중요하게 생각함
13. 실내 활동	신체 활동을 덜 요구하는 업무나 직업을 선호함

출처 : 워크넷

우리는 직업 가치 경매 활동을 하면서 직업군별로 필요한 핵심 가치를 조별로 논의하여 경매를 통해 획득하려고 노력했어요. 진로를 선택할 때 핵심 가치가 중요한 이유는 자신의 직업 가치를 실현할 수 있을 때 그 일을 지속적으로 할 수 있기 때문이에요. 반대로 자신의 가치와 부합하지 않는다면 우리는 강점을 발휘하기 어려우며 지속하고 싶은 마음이 사라질 수 있습니다.

여러분은 어떤 직업 가치를 가지고 있나요? 그리고 이를 실현할 수 있는 직업은 무엇일까요?

강의를 하다 보면 체력적으로 힘들 때도 있고, 강의가 잘 안 돼서 스트레스를 받을 때도 많아요. 하지만 지금처럼 제 이야기를 여러분이 경청해 주고 제 강의가 인생에 도움이 되었다는 학생의 메시지를 받으면, 내 일이 누군가의 삶에 조금이라도 선한 영향력을 미치고 있다는 보람과 뿌듯함을 느껴, 이 일을 계속 할 수 있는 힘을 갖게 돼요. 이렇게 몸은 힘들어도 뿌듯함, 행복함, 충만함과 같은 감정은 다시 그 일을 하고 싶은 마음으로 연결되죠. 일을 하면서 스스로 중요하다고 생각하는 것, 즉 직업 가치가 충족될 때 그 일을 또 하고 싶다는 느낌과 연결됩니다. Again이죠. 직업 가치는 우리가 행복한 삶을 살아갈 수 있도록 도와주는 길잡이별이 되어줍니다. 마지막으로 행복한 삶의 안내자가 되어줄 수 있는 나의 직업 가치를 찾아보고 마무리를 할까 해요.

조금 전 직업 가치 경매 활동에서 접한 13가지의 직업 가치는 워크넷 직업 가치관 검사를 통하여 찾아볼 수 있는 직업 가치였어요. 앞의 표에 기재되어 있는 13가지 직업 가치들을 보면서 나에게 중요한 직업 가치 여섯 가지를 찾아볼까요? 그리고 포스트잇 한 장에 하나의 직업 가치를 작성하면서 총 여섯 가지 가치를 적어주세요. 작성한 여섯 장의 포스트잇을 자신의 책상 위에 살짝 붙여보겠습니다. 자, 그럼 선택한 직업 가치 여섯 가지 중 만약 네 개만 가질 수 있다면 어떤 두 개의 가치를 포기할 건가요?

두 개의 직업 가치를 버려주세요! 이제 네 개 남았죠? 그럼 이번에는…

학생1 설마… 또…?

네! 이번에도 두 개를 버려주세요. 더 중요한 가치들을 생각하면 '이건 버릴 수 있다'라는 가치 두 개를 버려주세요! 이제 여러분에게는 두 개의 가치가 남았습니다. 두 개 중 한 개를 버려주세요!

학생2 안 돼요! 선생님!

버려주세요.

학생3 '안정'… 널 버릴게. 안녕…

나의 진로 선택에 꼭 필요한 직업 가치 한 개가 남았네요. 포기할 수 없었던 직업 가치가 무엇인지, 왜 그 가치가 나에게 중요한지 생각해보는 시간을 가져보길 바랄게요. 더불어 조금 전에 말씀드린 워크넷 홈페이지 (https://www.work.go.kr/)에 13가지 직업 가치 중 나에게 중요한 가치가 무엇인지 탐색해 볼 수 있는 심리 검사가 있어요. 20분 내외의 짧은 검사이니 여러분도 꼭 한번 직업 가치 검사를 해보길 바랄게요. 워크넷과 함께 많은 분들이 이용하는 커리어넷에서는 여덟 가지의 핵심 가치를 바탕으로 직업 가치를 탐색해 볼 수 있어요. 흥미, 적성, 가치를 탐색해보고 진로를 찾아가는 시간은 매우 의미 있는 시간이니 꼭 해보길 바랍니다.

② 다양한 전달 방법들

● **직업 가치 단어를 활용한 밸런스 게임**

밸런스 게임으로 자신에게 좀 더 가치 있는 것을 찾아가는 활동입니다. 커리어넷에서 제공하는 직업 가치관 검사를 보면 능력 발휘, 자율성, 보수, 안정성, 사회적 인정, 사회봉사, 자기계발, 창의성의 여덟 가지로 가치를 구분하고 있는데, 이 중 두 가지를 보여준 후 둘 중 한 개를 선택하는 식으로 자신이 좀 더 가치를 부여하는 것을 찾아가는 방식입니다. 이 활동은 두 가지 방식으로 진행이 가능한데 첫 번째 방식은 커리어넷 직업 가치관 검사 방식으로, 여덟 가지 가치를 모두 한 번씩 맞붙게 하여 선택하는 것입니다. 이렇게 하면 반복하여 자신이 선택하는 가치가 나올 수 있고 이를 통해 하고 싶은 욕구를 느끼는 Again에 맞게 직업 가치를 찾아볼 수 있습니다. 두 번째 방식은 토너먼트로 하는 것인데 이 경우는 시간의 제약이 있는 경우 약식으로 여덟 가지 중 자신에게 가장 중요한 가치를 찾는 것입니다. 첫 번째 방식보다 반복 횟수가 적어지지만 가장 중요하게 여기는 가치를 빠른 시간 내에 찾아볼 수 있다는 점에서 주어진 강의 시간에 따라 활용하면 좋은 방법입니다.

● **롤모델 찾기**

자신이 존경하거나 배우고 싶은 점이 있는 인물을 찾아 그 인물의 어떤 점을 본받고 싶은지 적어보는 활동입니다. 예를 들어 부모님이라면 부모님의 모습에서 봉사 활동, 직업적으로 능력을 인정받는 점 등 본받고자 하는 것이 무엇인지 찾아보고 그것을 여덟 가지의 직업 가치관과 연결하여 자신의 직업 가치관을 찾아보는 것입니다. 봉사 활동은 사회봉사, 직업적으로 능력을 인정받는 점은 능력 발휘로 연결하면 됩니다. 이때 롤모델은 유명인뿐 아니라 가족, 친구, 선생님, 선배 등 자신의 주변 사람도 가능하다고 말해주면 학생들이 좀 더 쉽게 찾을 수 있습니다.

● **가치 피라미드**

직업 가치 13가지(워크넷 기준) 중에서 자신에게 중요한 가치 10개를 선택합니다. 가치 10개를 선택했다면 〈표1. 가치 피라미드〉에서 숫자가 적혀진 칸에 가치들을 적습니다. 순위와 상관없이 적으면 됩니다. 단, 같은 숫자에는 같은 가치를 적어줍니다.

그다음 가치별로 더 중요한 가치를 비교 선택하여 적습니다. 같은 번호 칸의 가치는 동일한 가치를 적었기 때문에 비교 선택할 수 없습니다. 예를 들어 가로 1번 칸 '성취'와 세로 1번 칸 '성취'를 비교 선택할 수 없기 때문에 〈표2. 가치피라미드 활동 예시〉에서 음영으로 표시된 칸에는 적을 수가 없는 것입니다. 결국 음영으로 표시된 칸은 적을 필요가 없습니다.

그럼 가로 2번 칸과 세로 1번 칸 가치를 비교해보겠습니다. 두 가치를 비교하여 더 중요한 가치를, 두 가치 칸을 연결했을 때 만나는 칸에 적어주면 됩니다. 예시에서는 '봉사'와 '성취' 중 성취를 더 중요하게 생각했기 때문에 '성취'를 적었습니다. 〈표2. 가치피라미드 활동 예시〉를 참고하여 더 중요한 가치들을 적을 수 있도록 학생들에게 안내합니다.

비교 선택되어 적힌 가치들 중 가장 많이 선택된 가치 세 가지를 찾아봄으로써 자신의 직업 가치 세 가지를 찾을 수 있습니다. 또한 선택된 직업 가치가 자신에게 왜 중요한지 이유를 생각해보는 시간을 갖는다면 더욱 심도 있는 시간을 가질 수 있습니다.

〈표1. 가치피라미드〉

	1	2	3	4	5	6	7	8	9	10
1										
2										
3										
4										
5										
6										
7										
8										
9										
10										

〈표2. 가치피라미드 활동 예시〉

	성취	봉사	인정							
성취		성취	인정							
봉사			인정							
인정										

② 알아두면 쓸 데 있는 이론과 개념

● 최종적 가치와 수단적 가치

추상적인 가치를 체계적으로 측정하고자 할 때 RVS_{Rokeach Value Survey}를 활용합니다. RVS는 가치체계를 개발한 로키치의 이름을 따서 '로키치 가치 조사'라고도 부릅니다. 로키치는 가치를 '최종적 가치_{terminal value}'와 '수단적 가치_{instrumental value}'로 나누고 각각을 18개 항목으로 정리했습니다. 최종적 가치는 개인이 인생에서 궁극적으로 실현하고자 하는 가치를 의미하고, 수단적 가치는 최종적 가치에 도달하기 위해 개인이 선호하는 행동 양식을 의미합니다. 최종적 가치는 네 번째 수업에서 다룬 '사명'과도 연결됩니다. 인생의 궁극적인 목적을 실현하기 위해서 소중하게 여기는 가치가 곧 최종적 가치라고 할 수 있습니다. 이번 수업에서 다룬 직업 가치는 직업 활동에 국한해서 생각해볼 수 있는 가치입니다. 직업 가치도 최종적 가치를 실현하기 위한 수단적 가치의 일종으로 본다면 직업 가치관을 분명하게 하기 위해서 사명 발견이 선행되어야 할 것입니다.

● 진로가치명료화

'가치명료화_{career value clarification}'란 자신의 일상생활에 관련된 가치를 여러 각도에서 생각해 보고 스스로의 가치를 분명하게 인식하고 확인하는 과정을 말합니다. 청소년이 진로가치를 명료화한다는 것은 진로선택 과정에서 자신에게 바람직하거나 자신을 발전시키는 요소가 무엇인가를 분명하게 이해하는 것을 의미합니다. 진로가치는 진로에 대하여 어떤 생각과 태도를 가지고 있으며 또 이들에 대해 어떤 가치를 부여하는가를 포괄하는 것으로서, 특정진로활동에 대한 개인의 신념을 의미합니다.[11] 진로가치는 'AHA 진로' 두 번째 수업에서 다룬 '진로에 대한 관점', 네 번째 수업에서 다룬 '사명'의 의미와도 같습니다.

---

11 〈청소년을 위한 학교기반 진로가치명료화 집단상담 프로그램 개발〉 형남출, 계명대학교 박사학위 논문, 2017

3 진로 상담 Tip

"좋아하는 일, 잘하는 일은 무슨 뜻인지 알겠는데 가치관과 맞는 일이라는 건 무슨 뜻인지 모르겠어요."

많은 학생들이 좋아하는 일과 잘하는 일 중 어떤 일을 해야 하는지 물어봅니다. 둘 중의 하나를 선택해야만 할 것 같은 초조한 마음도 공감됩니다. 그러나 꼭 택일해야만 하는 건 아니라서 뭐라 답할 수 없는 질문입니다. 그래도 좋아하는 일, 잘하는 일에 대해서 그만큼 고민을 많이 했다는 건 반가운 일입니다. 하지만 상대적으로 직업 가치관과 맞는 일에 대해서는 생각해본 학생도 많이 없고 대부분 낯설어하는 것 같습니다.

공감하기

"직업 가치관이라는 개념이 조금 낯설기도 하겠다. 한편으로는 좋아하는 일, 잘하는 일은 많이 들어본 것 같네. 이번 기회에 여러 가지 관점에서 어떤 일을 하면 좋을지 생각해보면 좋겠다."

확인하기

"선생님이 구체적으로 어떤 걸 다시 설명해주면 좋을까?"
"직업 가치관 13가지를 봤는데 그게 무슨 의미인지 모르겠어요."

질문하기 또는 정보 공유하기

"그럼 '가치관'이라는 표현부터 정리하면 좋을 것 같아. 우리가 어떤 게 '가치 있다', '가치 없다'라고 말할 때가 있지. 그럴 때 '가치 있다'는 건 정말 중요하다는 의미야. 결국 가치관이라는 표현은 어떤 것을 중요하다고 보는 관점, 즉 가치에 대한 관점이란 뜻이거든. 거기에 직업이 앞에 붙어서 직업과 관련해서 중요하게 여기는 관점이 직업 가치관이야. 직업을 선택하려고 할 때 어떤 것을 중요하게 여기느냐. 어떤 것을 가치 있다고 생각하느냐에 대한 관점이지. 예를 들어서, 너는 안정을 추구하는 것과 변화를 추구하는 것 중에 뭐가 더 중요하다고 생각해?"

"아무래도 세상이 워낙 불안하니까 안정을 추구하는 게 더 중요하지 않을까요?"

"변화를 추구하는 것보다 안정을 추구하는 게 더 가치 있다고 생각하는구나. 그럼 뭔가 계속 변화해야 하고, 바뀌는 환경에 적응해야 하는 직업보다는 변화의 정도가 덜하고 안정이 보장되는 직업을 찾고 싶다는 생각이 들 수도 있겠네. 실제로 직업 가치관 단어들 중에 '직업 안정', '변화 지향'이라는 단어도 있거든. 반대로 변화가 더 가치 있다고 믿는 사람은 너와 완전히 다른 직업을 원할 수도 있겠지. 이렇듯 자기가 중요하다고 생각하고, 가치 있다고 믿는 것들이 직업을 선택하는 데도 영향을 미쳐."

"그런데 직업 가치 단어들이 저한테는 다 중요한데요. 그러면 어떻게 되는 거예요?"

"맞아. 모든 단어들이 다 가치 있는 것들이지. 그래서 우선순위를 살펴보는 게 중요해. 애국이라는 직업 가치도 있는데, 너는 얼마나 중요하게 생각해?"

"저는 중요하긴 한데 엄청 중요하다는 생각은 안 드는 것 같아요."

"그럼 애국을 정말 중요하고 가치 있다고 생각하는 사람이 있다면 너와 직업 가치관이 다른 사람일 수 있겠다. 그렇지? 이런 사람은 어떤 직업과 연결될 수 있을까?"

"군인?"

"맞아. 직접 나라를 지키는 것은 아니더라도 외교관 같은 직업과도 연결할 수 있겠지. 나라를 사랑하는 마음이 강하고, 나라를 지키는 것과 관련된 일을 하고 싶다는 생각이 많이 드는 사람들은 애국이라는 직업 가치관을 갖고 있는 거야."

좋아하고 잘하는 일인데도 왠지 하고 싶지 않은 일도 있습니다. 끌려서 했고, 해봤더니 잘하는 일이었는데 그 일을 계속해서 하자니 뭔가 꺼림칙한 때도 있습니다. 이유는 다양하겠지만 그중에 큰 영향을 미치는 요소가 직업 가치관이라고 봅니다. 내가 중요하다고 생각하는 것, 가치 있다고 믿는 것, 결국 자신의 신념과도 연결되어서 어떤 일을 지속적으로 할 수 있게 하는 것이 직업 가치관입니다.

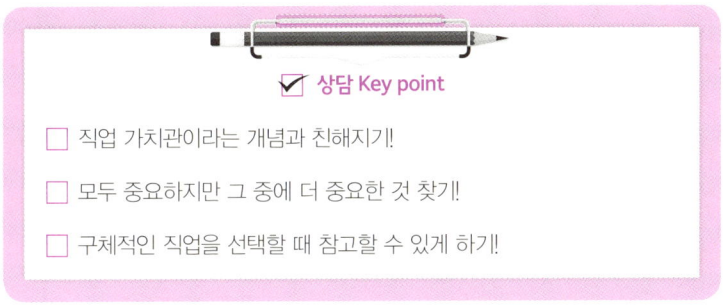

✓ 상담 Key point
- 직업 가치관이라는 개념과 친해지기!
- 모두 중요하지만 그 중에 더 중요한 것 찾기!
- 구체적인 직업을 선택할 때 참고할 수 있게 하기!

4 주제와 관련된 사례

① **외식 사업가 백종원**

백종원은 사실 방송에서 유명해지기 전부터 '요리하는 CEO'로 불릴 만큼 요식업계에서 유명한 기업인이었습니다. 사업가인 그가 다양한 영상 매체를 통하여 그동안 자신이 연구한 요리법을 공개하고, 외식사업에서 성공할 수 있는 다양한 비법 및 노하우를 전하게 된 계기는 무엇일까요?

그는 어렸을 때부터 요리에 관심이 많았다고 합니다. 요리에 열정을 가지고 다양한 도전을 한 백종원은 전역 후 1993년에 원조 쌈밥집을 인수하여 외식사업을 시작하였으며, 동시에 목조주택사업도 함께 시작하였습니다. 그러나 IMF로 주택 사업이 실패하여 17억 원이라는 큰 빚을 얻게 되었고, 큰 좌절로 방황하던 그때 인생의 마지막 여행이라고 생각하고 홍콩으로 떠났습니다. 홍콩에 도착 후, 다양한 요리를 맛보며 외식사업에 관한 아이디어를 하나씩 갖게 된 그는 한국으로 돌아가 외식사업을 다시 시작해야겠다는 희망을 갖게 되었습니다.

한국으로 돌아와 다양한 메뉴를 개발하여 1998년에 한신포차를 오픈하였습니다. 음식에 대한 애정과 외식사업에 대한 연구를 바탕으로 오픈한 한신포차는 큰 인기를 얻게 되었습니다. 한신포차 운영으로 바쁜 어느 날, 한신포차를 찾은 중년 남성 손님들의 대화를 우연히 듣게 되었습니다. 그 대화를 통해 많은 중년 남성들이 퇴직 후 자영업을 하는 것을 꿈꾸지만 지식도 경험도 없어서 고민하고 있음을 알게 되고, 자신이 가진 경험과 노하우로 사업 시작에 어려움을 겪는 사람들을 도울 방법은 없을까

하는 고민을 시작하게 됩니다.

처음에는 요리와 외식사업을 전혀 모르는 사람들을 대상으로 프랜차이즈 사업을 하려면 처음부터 하나씩 알려줘야 하기에 사업 진행에 어려움이 있을 거라며 종업원들의 걱정이 많았습니다. 하지만 그는 장사 경험은 없지만 '진정으로 음식을 사랑하고 새로운 것을 배울 각오가 되어있는 사람들에게 희망을 주고 싶다'라는 가치를 바탕으로 외식 프랜차이즈 사업을 추진하였으며, 그의 가맹점은 큰 인기를 얻게 되었습니다.

2017년 동국대 특강 중 "자신의 영업 비밀을 알려주는 것이 부담스러울 텐데 방송을 하는 이유가 무엇인가요?"라는 질문에 "진정한 꿈이 있는 사람들에게 성장의 기회를 주기 위해서다. 사업을 하고 싶지만 알지 못해서 방황하는 사람들에게 내 레시피를 전달해서 성장의 기회를 주고 싶다"라며, "힘들기도 하지만 보람이 많은 일이라고 생각한다. 그뿐만 아니라 내 사업에 공부가 되기도 한다"고 답변하였습니다.

지금도 새로운 메뉴를 연구하고 개발하는 것이 가장 즐겁다는 백종원. 그는 자신이 가장 좋아하는 요리로 사업을 시작하였으며, 개인의 성공으로 끝나지 않고 자신의 노하우를 외식사업을 꿈꾸는 사람들에게 전함으로써 '희망을 나누고자 하는 가치'를 실현하고 있습니다. 그는 지금도 다양한 TV 프로그램에 출연해 어려움을 겪는 식당과 농가를 위해 나눔을 실천하고 있습니다.

② 황주하 강사의 강의 이야기

말하는 것을 좋아해 강의를 하고 싶었습니다. 강의를 해야겠다고 마음먹은 뒤에 자연스럽게 '무엇에 대해 강의 할 것인가?'라는 의문이 따라왔습니다. 꿈과 진로를 갖는 것이 얼마나 행복한 일인지 알게 된 저는 청소년들을 만나며 꿈에 대해 이야기하고, 진로에 대해 생각해보는 시간을 주고 싶었고 그래서 청소년 진로 지도 강사가 되었습니다.

2015년부터 프리랜서로 청소년을 대상으로 진로 강의를 시작했고, 선배 강사에게 한 눈에 반해 열렬히 마음을 표현한 끝에 2018년 2월에 결혼을 했습니다. 결혼을 하고 가정을 책임져야 한다는 책임감이 생기고 난 뒤부터 3년간 너무나 즐겁고 행복하게 하던 강의에 '이걸 계속해도 될까?'라는 의문이 생겼습니다. '회사를 다녀야 할까?', '안정적으로 월급을 받아야 하겠지?'라는 생각들이 머릿속을 지배했습니다. 그렇지만 회사를 다니더라도 내가 즐거워하고, 잘 할 수 있는 일을 해야겠다는 생각은 변함없었습니다.

구직사이트에서 구인공고를 보던 중 '의류판매업'이 눈에 들어왔습니다. 이 공고를 보고 가장 먼저 들었던 생각은 '패션에 관심도 많고, 판매하는 일은 결국 말하는 거니까 잘 할 수 있겠다'였습니다. 그 즉시 자기소개서를 작성하고, 얼마 지나지 않아 면접을 보러오라는 연락을 받았습니다. 평소 좋아하던 남성복 브랜드였고, 그 브랜드 옷을 입고 면접을 보러 갔습니다. 의류판매 경험이 없는데 괜찮겠냐는 면접관의 질문에 내가 좋아하는 브랜드이고, 강의를 하며 많은 사람들을 만나고 이야기를 나누는 것에 익숙하기 때문에 금방 적응하고 잘 할 수 있다고 어필하였습니다.

잠시 고민을 하던 면접관은 곧바로 출근 날짜를 정하자고 하였고, 저는 사전에 의뢰받았던 강의들을 조정해야 했습니다. 문제는 이 순간 발생했습니다. '나는 더 이상 강의를 못 하는 건가?', '청소년들을 만나고, 진로에 대해서 이야기할 수 없게 되는 건가?'라는 생각에 공포심마저 느껴졌습니다. 집으로 돌아와 밤새 고민한 끝에 결국 입사를 포기하고, 계속 강의를 하기로 결정했습니다. 이유는 간단했습니다. 계속해서 하고 또 하고 싶은 일은 강의였기 때문입니다. 안정적으로 돈을 버는 것도 중요한 일이지만 제게 그보다 더 중요한 것은 '청소년들과 꿈에 대해 이야기 나누는 것, 내가 하고 싶은 일을 또 하는 것'이었습니다. 여러분들은 무엇을 계속하고 싶고, 무엇이 중요한가요?

열 번째 수업

'AHA 진로' 특강

—

"전체 수업이 한 눈에 들어오는 요약 강의"

※ 본 '특강 대본'은 약 1시간 동안 강당이나 체육관 같은 장소에서 많은 학생들을 대상으로 강연을 할 때 참고할 수 있는 대본입니다.

안녕하세요? 강의를 끝내면서 인사 드릴 때 여러분이 '아하!'하고 외치게 되는 강의, 아하! 진로 강사 이태화입니다. 제 소개를 퀴즈로 준비했습니다. 손을 들면서 크게 '정답'을 외치는 분께 먼저 퀴즈를 맞힐 수 있는 기회를 드리겠습니다.

다음은 저에 대한 설명 세 가지입니다. 이 중의 하나는 거짓, 그러니까 가짜인데요. 여러분은 세 가지 설명 중에 어떤 것이 가짜인지 맞히는 겁니다. 준비됐나요? 1번, 2002년 한일월드컵에 미쳐서 군 입대를 미루었다. 2번, 2006년 멘토 코치님과 함께 TV에 출연했다. 3번, 2010년 회사를 그만두고 백수가 되었다.

자, 가짜는 몇 번일까요? 네, 가운데 안경 쓰고 잘생긴 학생 가장 빨리 손들었네요. 일단 정답을 말하기 전에 다 같이 박수 한 번 쳐주세요. 손들고 강의에 적극적으로 참여해주셔서 감사합니다. 정답은? 2번! 땡! 아쉽습니다… 네, 저 뒤쪽에 연예인 포스 나는 학생! 정답은? 1번! 정답! 네, 가짜는 1번이었습니다. 박수 한 번 주세요. 정답을 맞힌 학생은 강의가 끝나고 저한테 오시면 기프티콘을 선물로 드리겠습니다.

아하! 포인트

위 내용은 이해를 돕기 위해 이태화 강사의 실제 강의 내용을 소개했습니다. 선생님들께서도 인상적인 경험, 개인적인 스토리 등으로 퀴즈를 만들어서 활용해보실 것을 추천합니다.

퀴즈로 만든 2002년, 2006년, 2010년은 제 진로에 큰 영향을 끼쳤던 해입니다. 2002년 한일월드컵에 미쳐서 열심히 응원했던 건 맞지만 12월 26일에 입대를 했습니다. 메리크리스마스였겠죠? 그럴리가요. 제 생에 최악의 크리스마스였어요.

여러분 언제 태어났나요? 2002년 한국에서 월드컵이 열렸던 거 아시나요? 저는 그때 대학교에서 응원단장이었어요. 그때 처음 리더십에 대해 진지하게 고민을 시작했습니다. 그래서 2006년에 '셀프리더십과 비전 만들기'라는 수업을 듣게 되었죠. 그때 강의를 해주신 교수님이 저의 첫 코치님이었습니다. 교수님이 본인을 '교수'가 아니라 '코치'라고 소개하는데 첫 수업부터 호기심이 생겼어요. 한 학기 수업을 들으면서 너무 재미있어서 결국 나도 코치가 되고 싶다는 꿈을 품게 되었죠. 실제로 수업이 끝나고 교수님께 찾아가서 코치가 되고 싶다고 하고, 이것저것 막 여쭤봤어요. 그러다 같이 TV에도 나갔죠.

그리고 바로 코치가 되었을까요? 맞아요. 원하는 일, 꿈꾸는 삶을 실현하는 데는 시간과 노력이 필요하죠. 저도 코치가 되는 과정에서 시행착오가 있었습니다. 대학교에서 건축을 전공해서 자연스레 첫 직장은 건설 회사였어요. 그러다 세 번째 회사에 가면서 비로소 코치가 되는 준비를 본격적으로 할 수 있었고, 지금 이렇게 여러분 앞에 코치로 서 있습니다.

그럼 2010년에 왜 백수가 되었냐고요? 코치가 되어서 청소년 진로 코치로 활동하다 보니 고민이 생겼어요. 누군가 '코치님은 학창 시절 꿈이 뭐였어요?'라고 물어보면 뭐라고 답할지 마음에 걸렸거든요. 저는 여러분 나이일 때 배우가 되고 싶었어요. 실제로 연극영화과에 원서를 넣기도 했고요. 그래서 청소년들을 당당하게 만나려면 내가 먼저 도전을 해봐야겠다는 생각이 들었어요. 그래서 2010년 회사를 그만두고 백수가 되어서 대학로로 갔죠. 극단에 들어가서 청소부터 하면서 연기를 배웠어요. 그리고 지금은 뮤지컬 배우 겸 코치로 활동하고 있습니다.

저는 지금 제가 하고 있는 일이 정말 좋아요. 배우, 코치라는 직업은 천직이라고 생각이 들고, 이것보다 더 잘 할 수 있는 일이 없다는 생각도 들어요. 제가 이런 진로를 찾는 데 도움이 된 내용을 여러분에게도 소개할게요. 여러분도 '아하! 나의 진로는 이렇게 찾아야겠다!' 할 수 있도록 말이죠. 그럼 본격적인 내용으로 들어가 볼게요.

옆 사람과 2인 1조로 짝이 되어서 가위바위보를 해주세요. 이긴 사람, 진 사람이 나눠야겠죠? 혹시 짝이 안 맞으면 세 명이 가위바위보를 해도 괜찮습니다. 자, 이긴 사람 손들어보세요. 다음 진 사람 손 들어볼까요? 좋습니다. 그럼 진 사람이 먼저 잠깐 눈을 감고 고개를 숙여주세요. 제가 이긴 사람들에게만 그림을 보여드릴 거예요. 이긴 사람들은 진 사람들에게 어떤 그림을 보는지 들키면 안 됩니다. 그러니 조용히 소리 내지 말고 그림을 확인하기 바랍니다. 진 사람은 조금만 기다려 주세요. 잠시 후에 진 사람들도 그림을 볼 겁니다. 이긴 사람 준비됐죠? 이긴 사람들 쉿!

자, 이번에는 진 사람들이 앞을 보고, 이긴 사람들이 눈을 감고 고개를 숙여주세요. 진 사람들 역시 이긴 사람들에게 들키면 안 됩니다. 조용히 그림을 확인하겠습니다. 진 사람들 쉿!

네, 좋습니다. 이번에는 다 같이 앞을 보세요. 이번에는 여러분이 다 같이 볼 수 있도록 하나, 둘, 셋 하고 그림을 보여줄 거예요. 그럼 여러분은 '셋'에 맞춰서 어떤 그림인지 가위바위보를 한 친구에게 들릴 정도로 소리 내어 말하는 겁니다. 준비됐나요? 자, 하나, 둘, 셋!

학생 쥐!

학생 사람!

옆 사람과 다른 얘기를 하는 것 같네요. 30초 동안 이야기를 나눠보세요. 어떤 그림으로 보이나요? (30초 후) 네, 그럼 다 같이 확인해볼게요. 이 그림이 쥐로 보이는 사람 손! 잠깐만요! 지금 손 든 사람들 가위바위보 이긴 사람들이죠? 좋습니다. 손 내리시고 이 그림이 사람 얼굴로 보이는 사람? 지금 손 든 사람들 가위바위보 진 사람들이죠? 네, 여러분이 저의 안내를 잘 따라주셔서 완벽히 진행이 됐네요. 그럼 똑같은 그림을 왜 다르게 보는지 알아볼까요? 가위바위보 이긴 사람들에게는 제가 이 그림을 보여줬습니다.

가위바위보 진 사람에게는 이 그림을 보여줬죠.

그리고 마지막으로 본 그림은 이 두 그림을 교묘히 섞어 놓은 그림입니다. 셋 다 다른 그림이죠.

지금 확인한 것처럼 우리는 어떤 것을 경험했는지에 따라 똑같은 대상을 다르게 봐요. 쥐 그림을 먼저 본 경험은 마지막 그림을 쥐로 보게 하고, 사람 얼굴을 먼저 본 경험은 역시 마지막 그림을 사람 얼굴로 보게 하죠. 이렇듯 우리의 경험이 어떤 대상을 다르게 해석하게 하는데요. 어떤 대상을 해석하는 방식, 바라보는 태도를 '관점'이라고 해요. 그렇다면 여러분은 진로에 대해서 어떤 관점을 갖고 있나요? 여러분이 진로를 해석하는 방식, 진로를 바라보는 태도가 다양하겠죠. 여러분이 정말 '아하!'를 외치려면 진로에 대한 관점을 바꾸는 것부터 시작하면 좋습니다.

'AHA 진로' 프로그램에서는 진로를 '참된 나를 발견하고 행복하게 사는 삶'으로 봅니다. 진로를 단순히 직업이나 전공 정도로 생각한다면 진로를 결정할 때 어려움이 따를 수 있어요. 그럼 '참된 나를 발견하고 행복하게 사는 삶'을 고민하는 것이 진로에 대해 고민하는 것이겠죠? 영상을 하나 보겠습니다.

('인생은 속도가 아니라 방향이 우선 고려되어야 한다'는 의미를 전달할 수 있는 영상을 보여줍니다)

우리는 모두 다른 사람이고, 각자 행복한 삶에 대한 생각도 다르죠. 여러분의 진로가 몇 개쯤 되냐고 물으면 여기 모인 사람 수만큼 된다고 답할 수 있을 거예요. 여러분은 어떤 삶을 살고 싶은가요? 그리고 어떤 사람으로 기억되고 싶은가요? 우리는 학년이 바뀌고 졸업하면 친구들과 헤어질 거예요. 그때 여러분의 친구들은, 담임선생님은 여러분을 어떤 학생으로 기억할까요? 마찬가지로 우리가 세상을 떠나면 우리를 잘 알던 사람들은 나를 어떤 사람으로 기억할까요? 진로는 이렇게 인생의 큰 그림을 그리는 것에서부터 시작하는 것이 좋아요.

(학생들의 비전 관련 작업 결과물 예시)

지금 보시는 것은 어떤 삶을 살고 싶은지, 어떤 사람으로 기억되고 싶은지 생생하게 그려보고 그걸 눈으로 볼 수 있는 결과물로 작업한 예시에요. 비전 맵, 비전 콜라쥬, 비전 드로잉 등 다양한 방법으로 그려놓았죠.
비전이란 여러분이 원하는 삶, 원하는 모습을 생생한 이미지로 그리는 것을 뜻해요. 이렇게 여러분이 원하는 삶, 원하는 모습을 생생한 비전으로 그려놓으면 정말 그렇게 실현될 가능성이 높아져요. 재미있는 건 우리의 뇌가 상상과 현실을 구별하지 못하기 때문이기도 한데요. 여러분 레몬 먹어본 적 있죠? 지금 잠깐 레몬 먹는 상상을 해볼까요? 냉장고 문을 열고, 노란 레몬을 꺼내서, 칼로 반을 잘라서, 즙이 떨어지지 않게 얼른 입으로 가져가서 깨물어 보세요. 지금 침이 조금이라도 고인 친구 손들어볼까요? 신기하죠? 우리는 실제로 레몬을 먹지 않았는데 뇌는 상상과 현실을 구분하지 못하기 때문에 침을 분비시켜요. 여러분이 꿈꾸는 진로를 생생하게 상상한다면 먼저 몸이 반응할 거예요. 그리고 정말 현실에서 그런 모습이 되기 위해 차근차근 노력한다면 비전이 현실이 될 수 있겠죠.

자, 이제 더 나아가서 비전을 현실로 만들기 위해서 어떤 노력을 하면 좋을지 이야기 나눠볼게요. 지금부터 오늘 강의의 핵심 내용을 말씀드릴 건데요. 이 핵심 내용을 초성 퀴즈로 알려줄 거예요. 제가 화면에 자음(초성)을 보여주면 그 자음(초성)으로 된 낱말을 말하는 거예요. 먼저 몸풀기를 해볼까요?

■ ㅂㅅ

첫 자음은 ㅂㅅ입니다. 여기저기 웃는 학생들이 있네요. 어떤 단어를 생각한 거죠? '보석'처럼 아름다운 단어도 있는데. '박수'도 있죠. 옆에서 열심히 강의 듣고 있는 친구한테 박수 한번 쳐 주세요. 자! 다음 자음 나갑니다!

■ ㅈㄹ

이번에도 웃음이 터진 학생들이 많이 보이네요. 우리가 배우고 있는 '진로'도 있습니다. 자, 다음!

■ ㄱㅈ

오! 관점. 배운 걸 금방 적용하다니 대단하네요. 관점이라는 단어도 있는데 이번에는 '강점'에 대해서 이야기해볼게요. 비전을 현실로 만드는 힘의 비밀은 바로 강점이거든요. 조금 업그레이드해서 이번에는 영어 버전의 초성 퀴즈로 넘어가서 강점의 비밀을 알려줄게요. 정답을 아는 사람은 손을 들고 '아하!'를 외쳐주면 되겠습니다.

■ OMG

정답은? 네, 'Oh, My god!' 맞습니다. 정답을 맞힌 사람이 속한 조에 점수를 드릴게요. 다음 초성!

■ BTS

무엇의 초성이죠? 'Beyond The Scene!' 방탄소년단으로 시작했는데 전 세계적으로 인기를 끌면서 이런 의미를 다시 만들었다고 하네요. 자, 다음!

■ AHA

어렵죠? 아하는 이번 강의의 제목이기도 한데요, '아하(AHA)'는 어떤 단어들의 앞 글자를 땄을까요? 너무 어려운 문제라서 가운데 단어만 맞히면 됩니다. 네, 정답은 Happy, 맞아요. AHA는 '끌리는', '매력적인'이란 뜻의 Attractive, '행복'의 Happy, '다시'란 의미 Again의 앞 글자를 딴 거예요. 하기 전에 끌리고, 하는 동안 행복하고, 하고 나서 또 하고 싶은 것을 뜻하죠. 비전을 실현시키기 위해 강점을 발휘한다는 것은 여러분이 하기 전에 끌리고, 하는 동안 행복하고, 하고 나서 또 하고 싶은 이 세 가지를 다 충족시키는 일을 찾아서 원하는 삶을 현실로 만드는 것을 의미해요. 강점은 단순히 잘하는 것이라기보다 구체적으로 자신이 강하다고 느끼는 활동을 말해요. 하기 전에 끌리는 느낌, 하는 동안 행복하고 몰입하고 성장하는 느낌, 하고 나서 또 하고 싶은 느낌, 이 세 가지를 다 느낄 수 있는 일이 강점이에요. 단순히 잘한다는 느낌이 아닌 거죠. 그럼 이 세 가지 느낌에 대해서 하나씩 알아볼게요.

여러분 '텔레파시 게임' 아세요? 제가 화면에 두 가지 보기를 보여드리면 여러분은 하나만 고르는 거예요. 이번에도 아까 가위바위보를 한 친구랑 같이 해 볼 건데요. 일단 가위바위보 했던 사람과 하이파이브 해보세요. 네, 감사합니다. 방금처럼 두 사람이 똑같은 걸 선택하면 하이파이브를 하는 거예요. 그런데 만약에 다른 걸 선택했다면, '아하!'하고 타노스가 했던 핑거스냅을 하는 거죠. 준비됐나요? 제가 '하나 둘 셋' 하면 '셋'에 맞춰서 번호를 고르는 겁니다.

- 1번 쵸코 아이스크림, 2번 딸기 아이스크림, 하나, 둘, 셋!
- 1번 떡볶이, 2번 순대, 하나, 둘, 셋!
- 1번 돈가스, 2번 햄버거, 하나, 둘, 셋!
- 1번 족발, 2번 보쌈, 하나, 둘, 셋!
- 1번 콜라, 2번 사이다, 하나, 둘, 셋!
- 1번 짜장면, 2번 짬뽕, 하나, 둘, 셋!
- 1번 프라이드치킨, 2번 양념치킨, 하나, 둘, 셋!

다 똑같은 걸 선택한 팀 있나요? 혹시 있다면 정말 끌리는 게 비슷한 사람이네요. 그럼 마지막 메뉴였던 치킨으로 잠깐 이야기해볼까요? 프라이드치킨 선택한 사람? 그럼 프라이드치킨을 선택한 이유가 뭔가요? 겉바속촉이요? 네, 겉은 바삭하고 속은 촉촉한 게 매력이죠. 그럼 겉바속촉을 예로 들면, '왜 겉바속촉이 좋은가요?'라고 질문을 할 수도 있겠네요. 그런데 여러분이 이런 질문에 굳이 답을 하라고 하면 억지로라도 할 수 있겠지만 사실 '그냥', '이유 없이' 끌리는 경우가 많죠. 다른 음식들도 마찬가지에요. AHA 세 가지 신호 중 첫 번째 신호, Attractive가 바로 이런 끌리는 느낌이에요. 이유를 설명하기 어렵지만 나도 모르게 끌리는, 그냥 좋은 느낌이죠. 여러분이 강점을 찾기 위해서, 그리고 정말 여러분답게 잘 할 수 있는 일을 찾기 위해서 결코 무시해서는 안 되는 신호에요.

저는 노래하는 일이 그랬어요. 왜 노래에 끌리냐고 물어보면 이유를 설명하기 어려웠어요. 억지로 설명한 적도 많았지만 '그냥'이 가장 솔직한 이유였어요. 때로는 어른들이 끌리는 일, 좋아하는 일에 대해 '왜?'라는 질문을 하는 경우가 있죠. 그리고 이유를 설명하지 못하면 꾸중하거나 진짜 좋아하는 일이 아니라서 그런다고 말하죠. 과연 이유를 설명하지 못하면 진짜 좋아하는 게 아닐까요? 그렇지 않습니다. 이유를 설명하지 못하지만 본능적으로 끌리는 느낌은 정말 소중한 정보에요.

자, 그럼 두 번째 신호 H는 뭐였죠? 네, 행복한 느낌이에요. 조금 더 구체적으로 말하면 하는 동안 몰입하고, 시간 가는 줄 모르고, 내가 할 수 있는 활동들 중에 상대적으로 더 큰 성취감을 느끼게 하는 활동이에요.

마지막 A는 Again, 또 하고 싶은 느낌인데요. 이 느낌은 첫 번째 A, Attractive와 연결되어서 경험한 활동 중에 다시 하고 싶은 끌림을 주는 느낌이죠. 어떤 일은 하기 전에 끌렸고, 하는 동안 몰입했지만 끝나고 나면 더 안 하고 싶기도 하죠. 그런데 마지막 A 느낌까지 충족시키는 일이라면 하기 전에 끌리고, 하는 동안 행복하고, 하고 나서 또 하고 싶은 느낌을 모두 느끼게 하는 일이에요.

여러분은 지금까지 A, H, A, 아하! 세 가지 신호에 대해 알아봤습니다. 재미있는 건 이 세 가지 신호는 강점을 찾는 데 도움이 되는 것이기도 하면서 진로를 탐색할 때 꼭 참고해야 하는 직업 흥미, 직업 적성, 직업 가치와도 연결된다는 거예요. 첫 번째 신호 Attractie, 하기 전에 끌리는 느낌은 여러분의 직업 흥미와 연결할 수 있고요. 두 번째 신호 Happy, 하는 동안 행복한 느낌은 직업 적성과 연결할 수 있어요. 적성은 그야말로 내가 발휘할 수 있는 능력들 중에 더 잘 할 수 있는 능력이죠. 마지막 신호 Again, 하고 나서 또 하고 싶은 느낌은 직업 가치와 연결됩니다. 어떤 일은 경험해보고 나니 나의 가치관과 맞지 않아서 더 지속하고 싶지 않은 일들도 많아요. 어른들이 직장을 옮기거나 다른 일을 찾아 나서는 경우도 직업 가치와 연관된 경우들이 많죠.

성취	봉사	개별활동	직업안정	변화지향
몸과 마음의 여유	영향력 발휘	지식 추구	애국	자율
금전적 보상	인정	실내 활동		

여러분은 13가지 중에 어떤 게 가장 중요한가요? 여러분이 직업을 선택할 때 중요하게 여기는 것, 즉 가치 있다고 생각되는 것을 잘 충족시킬 수 있는 직업을 선택한다면 AHA의 마지막 Again까지 충족시키는 일을 하게 될 수 있고, 그 일을 할 때 여러분의 강점을 제대로 발휘할 수 있을 거예요. 13개 직업 가치관 검사는 워크넷 사이트에서 무료로 진단할 수 있고요. 앞서 설명한 직업 흥미, 직업 적성 검사도 같은 곳에서 무료로 할 수 있습니다.

돌이켜보면 '응원'이라는 활동이 저에게는 A, H를 충족시킨 일이라고 생각이 됩니다. 그런데 마지막 A는 확실치 않았어요. 응원단장 경험 덕분에 프로 야구팀 응원단장 제안을 받은 적이 있는데요. 저는 프로 응원단장이라는 일이 마지막 신호 A를 충족시키지 못하는 것 같이 느껴져서 그 진로를 선택하지 않았어요. 저의 직업 가치가 충족되지 않은 거죠. 누군가에게는 자랑스럽고 멋진 일도 누군가에게는 맞지 않을 수도 있는 거죠. 그런데 코칭을 배우기 위해서 이직을 했을 때는 실제로 연봉 1,300만 원이 깎이는 선택을 하더라도 '코칭'이라는 일을 계속하고 싶었어요. 당시 제가 중요하게 여기는 직업 가치는 돈보다 자율성, 성취, 변화지향이었기 때문에 그런 선택을 할 수 있었다고 생각해요.

AHA 진로에서 말하는 진로 기억나나요? '참된 나를 발견하고 행복하게 사는 삶'이죠. 마지막으로 여러분이 참된 자기를 발견하고 행복하게 사는 선택을 할 때 도움이 되는 이야기를 들려드리겠습니다. 이번에는 햄버거로 설명해볼게요. 첫 번째 햄버거는 맛도 없고, 몸에도 안 좋은 햄버거예요. 두 번째 햄버거는 맛있지만 몸에 안 좋은 햄버거입니다. 세 번째는 맛은 없지만 몸에는 좋은 햄버거고요. 마지막 네 번째 햄버거는 맛도 좋고, 몸에도 좋은 햄버거입니다. 여러분은 몇 번째 햄버거를 선택할 건가요? 네, 당연히 네 번째 햄버거를 선택하는 게 좋겠죠. 이 햄버거 메뉴판으로 사분면을 만들면 '행복 사분면'이 만들어져요. 하버드대학교의 탈 벤 샤하르 교수가 만든 행복 사분면인데요. 먹을 때 맛있는 것은 현재의 이익, 먹고 나서 몸에 좋은 것은 미래의 이익과 연결해서 행복을 설명하셨죠. 결국 우리의 삶은 선택으로 채워지고, 여러분의 선택으로 진로도 결정될 거예요. 자신이 최대한 행복할 수 있는 선택을 많이 하다 보면 우리의 삶도 행복해지고, 정말 참된 나를 발견하고 행복하게 살 수 있는 진로도 찾아갈 수 있겠죠. 현재에도 이익이 되고, 미래에도 이익이 되는 선택, 그러면서 여러분이 좋아하고, 잘하고, 가치를 느끼는 일을 찾을 수 있는 선택, 그것이 바로 '아하!'를 외칠 수 있는 A, H, A 신호를 찾는 거예요. 여러분은 어떤 일에 끌리고 어떤 활동을 할 때 몰입하고 성취감을 느끼며, 또 어떤 일을 지속적으로 하고 싶은가요? 여러분이 모두 '아하!'하고 외치면서 행복하게 살 수 있는 진로를 찾길 바랍니다.

· 부록 ·
수업에 도움이 되는 것들

● **꿈이 없다고 하는 학생들에게**

　진로 교육을 할 때 '전 꿈이 없어요'라고 하는 학생들을 볼 수 있습니다. 이런 학생들의 경우 자신의 미래가 구체화되지 않은 것에 대한 불안함을 느끼거나 '어떻게든 되겠지'라는 막연함을 가지고 있는 경우가 많습니다. 그렇다면 이 학생들은 왜 꿈을 가지지 못하는 것일까요? 그것은 진로의 개념을 잘 못 이해하고 있기 때문입니다. 진로의 의미를 물어보면 많은 학생들이 장래 희망을 이야기합니다. 여기서 학생들이 말하는 장래 희망은 직업을 의미하는데 진로가 직업 찾기만을 의미하는 것이 아니라는 점을 명확히 알려줘야 합니다.

　직업은 진로에 포함되는 한 범주인 것인데 같은 개념으로 생각하기 때문에 미래에 꿈꾸는 직업이 없으면 진로에 대한 관심이 없다고 느끼는 것입니다.

　실제 진로 수업을 할 때 자신의 미래를 그려보는 다양한 활동을 진행합니다. 처음 강의를 시작했을 때 필자도 진로를 찾는 활동에서 직업을 정하는 것을 중요하게 생각하였고 지금 하고 싶은 것이 없더라도 한 가지 직업을 정해보라고 얘기한 경우가 있었습니다. 하지만 이렇게 정해진 직업은 그 학생에게 아무런 의미도 없이 그저 하나의 결과물에 불과한 것이었습니다. 그래서 그 이후부터 직업과 상관없이 학생들이 살면서 하고 싶은 것들을 생각해보게 했습니다. 그렇게 관심사를 먼저 찾고 그 분야에서 내가 잘 할 수 있는 것을 생각하게 하였더니 구체적인 직업을 그려가기 시작했습니다.

예를 들자면 학생 중에 게임을 좋아하는 친구가 있었는데 그 친구는 프로게이머를 꿈꾸기도 하였으나 프로게이머처럼 힘든 연습 과정을 통해 게임을 잘하고 싶은 것이 아닌 게임 자체를 즐기고 싶다고 했습니다. 그래서 프로게이머 말고도 게임 관련된 직업은 많다고 얘기해주며 잘 할 수 있는 일을 물었더니 그림을 잘 그린다고 했습니다. 게임을 좋아하고 그림을 잘 그린다면 '게임 캐릭터 디자이너'라는 직업이 어떠냐고 말해주자 그 친구는 흥미를 보였고 '게임 캐릭터 디자이너'라는 큰 틀이 잡히자 그 직업을 갖기 위해 준비해야 하는 과정과 직업인으로 자신의 성장을 구체적으로 그리기 시작했습니다. 그리고 그 과정에서 자신이 누리게 될 삶도 자세히 펼치기 시작했습니다.

진로는 나를 발견하고 내가 꿈꾸는 행복한 삶을 찾아가는 과정입니다. 그렇기 때문에 직업이라는 결과물을 먼저 찾을 것이 아니라 내가 어떤 사람이고 어떤 삶을 살기 원하는지를 생각해봐야 합니다. 그리고 그 안에서 내가 원하고 잘 할 수 있는 일을 찾아야하는 것이고, 그렇게 구체적인 직업이 그려지면 그 일을 바탕으로 내가 진정 원하는 행복한 삶이 풍성하게 펼쳐지게 될 것입니다.

● 학생들의 학습 채널 확인하기

사람들은 모두 선호하는 학습 채널을 다르게 가지고 있다고 합니다. 학습 채널은 크게 세 가지로 구분되는데, '시각적', '청각적', '신체적'이 그 세 가지입니다. 세 가지 모두를 다 가지고 있지만 가장 학습이 잘 되는 채널이 각자 다르다는 것입니다.

예를 들어 신체적인 학습 채널을 통해 잘 배우는 사람들은 무언가를 배울 때 몸을 움직이면서 배우면 가장 학습이 잘 된다고 합니다. 그런데 대부분의 학교 수업은 시각과 청각에 대부분의 초점이 맞추어져 있기 때문에 신체적 학습 채널을 1순위로 가지고 있는 학생들은 답답할 수밖에 없습니다. 그래서 진로 교육을 할 때 이 세 가지 학습 채널을 모두 충족시켜 줄 수 있는 활동을 하게 되면 학습효과가 극대화됩니다.

다양한 색깔을 이용한 PPT 또는 플립차트 전지 등을 활용하고 교사 또는 강사가 목소리의 크기, 높낮이, 속도 등을 조절하면서 수업을 진행하고, 움직일 수 있는 장치를 활동 중에 넣어서 수업 중간중간에 활용을 하면 효과가 좋습니다. 흥미를 찾는 활동도 포스트잇에 자신의 생각을 쓰게 하여 벽이나 창문 등에 붙이게 하면 몸을 움직이는 것이기 때문에 의미가 있습니다. 조별로 교실 공간을 활용하여 움직이면서 할 수 있는 활동을 하는 것도 좋습니다.

● 게임이나 활동의 진행 단계

강의 초반 관계 형성을 목적으로 아이스 브레이킹 활동을 진행할 때 단계를 두면 좋습니다. '소극적 참여' 단계에서 '적극적 참여' 단계로 확장하여 구성하면 참가자 입장을 배려하면서 점진적인 오프닝이 가능합니다.

> **예)** 혼자 하는 활동 → 함께 하는 활동낮은
> 난이도 → 높은 난이도
> 정적인 활동 → 동적인 활동

● 이미 퀴즈나 게임을 알고 있는 학생이 있는 경우

수업을 하다 보면 퀴즈나 게임을 PPT로 준비해서 진행할 때 "저 이 게임 알아요"라고 말하는 학생이 있을 수 있습니다. 그럴 경우 "와, 이 게임을 이미 알고 있구나. 그럼 아직 이 게임을 모르는 친구들을 위해 정답은 마음속으로 잠시 가지고 있어도 괜찮을까?"라고 물어보는 것이 좋습니다. 그럼 대부분의 경우 강사와 눈빛을 교환하고 고개를 끄덕입니다. 아마도 인정받았고 존중받았다는 느낌을 받을 것입니다. 무시하거나 말을 못 하게 하면 오히려 정답을 먼저 말해버리거나 과정 내내 기분이 상한 상태로 잘 참여하지 않게 되는 역효과를 낳을 수도 있습니다.

● 강사의 말에 답변이나 혼잣말을 해서 주의를 분산시키는 학생이 있는 경우

인정받고 싶은 욕구가 많은 학생일 가능성이 높습니다. 조금 힘이 들더라도 그 학생이 말하는 것에 "그렇구나, 그럴 수 있겠다. 오~ 대단한데! 그걸 어떻게 알았어? 멋지다"라고 호응을 해주다 보면 점점 말을 하는 횟수가 줄어들면서 과정에 편안하게 참석하는 경우가 많았습니다. 어떤 상

황에서도 상대방이 '옳다, 틀리지 않다'라는 느낌을 가질 수 있게 해주는 것이 강의를 성공적으로 이끄는 방법이 됩니다.

● **라포(친밀감과 신뢰감) 형성의 중요성**

주제와 관련된 강사 사례를 공유하는 과정에서 충분한 관계 형성이 되어있지 않다면 나와는 관계없는 이야기로 받아들일 수도 있습니다. 학생들과의 관계를 충분하게 형성한 후에 강사의 사례를 공유하며, 학생들이 '나였다면 어땠을까?'라는 생각을 할 수 있도록 하는 것이 도움이 될 것입니다.

● **집중력을 높여주는 조 배치**

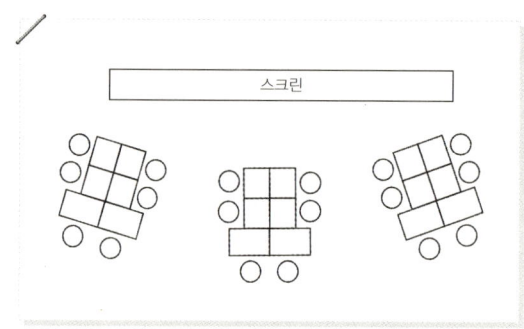

조 배치   스크린을 바라볼 수 있도록 방향을 구성하면 효과적입니다.
조 구성   4~8인으로 구성하는 것이 팀 활동에 효과적입니다.

● **조를 바꿔서 인원을 섞고 싶을 때 활용하기 좋은 게임**

바구니 게임

둥글게 둥글게 게임을 응용한 활동입니다. 세 명이 한 팀이 되어 두 명은 손을 맞잡고, 한 명이 그 안으로 들어가면 과일 바구니가 됩니다. 과일 바구니는 '바구니 열어', '바구니 닫아' 두 가지의 움직임을 할 수 있고 두 사람의 틈에는 나머지 한 명이 과일의 역할을 합니다. 바구니와 과일의 수를 조절하고 조건을 추가하며 재밌는 활동을 할 수 있고, 활동 마지막에 원하는 인원수에 맞는 조건으로 바구니를 구성하여 팀을 만들면 자연스럽게 새로운 팀원을 만날 수 있습니다.

제시어 예시

- **바구니 열어** 바구니 역할을 하고 있는 친구들이 양손을 높게 들어 과일이 이동할 수 있게 합니다.
- **바구니 닫아** 바구니 역할을 하고 있는 친구들이 양손을 내려 과일이 이동할 수 없게 합니다.
- **과일 바꿔** 바구니가 열려 있는 상태에서 과일끼리만 새로운 바구니를 찾아 이동할 수 있습니다.
- **다 바꿔** 과일과 바구니 모두가 새로운 바구니와 과일로 재구성해야 합니다.

조건 예시

- 바구니(역할) 세 명 과일(역할) 두 명으로 다 바꿔! (이 경우 조원은 다섯 명이 됩니다)
- 바구니(역할) 두 명 과일(역할) 네 명, 구성원은 남녀 한 명 이상! 다 바꿔! (이 경우 조원은 여섯 명이 되고, 남녀가 섞이게 됩니다)

● 문구류 준비

포스트잇 다양한 크기의 포스트잇을 준비하면 좋습니다.

싸인펜, 색연필 조별로 한 세트씩 줄 수 있게 준비하면 좋습니다.

유성매직 전지 작업을 위해 검정, 빨강, 파랑색을 구비하여 조별로 최소 한 개씩은 줄 수 있게 준비하면 좋습니다.

스카치테이프 전지를 부착할 수 있게 준비하면 좋습니다.

● 컴퓨터 관련 기기

연결케이블 & 변환젠더 학급 내 PC를 사용하지 않고, 개인 노트북을 사용하는 경우 환경에 맞는 연결케이블과 변환젠더를 준비해두시면 좋습니다.

스피커 음향 장치의 불량이 있을 경우를 대비해 휴대용 스피커를 준비하면 좋습니다. 휴대가 가능한 선에서 가장 높은 출력을 하는 스피커가 효과적입니다. 교실에서 진행하는 것이 아니라 다용도실, 체육관 등 공간이 넓은 곳에서 진행되는 경우에도 대비가 됩니다. 간혹 수업 현장에 AUX(오디오 연결선)이 문제가 있는 경우를 대비해 AUX 연결선도 준비하면 좋습니다.

프레젠터 음향조정 기능과 블랙스크린 기능이 포함된 프레젠터를 사용하는 것이 효과적입니다. (예비 건전지도 갖고 다니면 좋습니다)

청소년 진로 수업 대본

초판 1쇄 발행 2022년 04월 08일

지 은 이 권태용, 김대연, 김희숙, 박주원, 이태화, 황주하
발 행 인 서재필
기   획 한국리더십센터그룹

펴 낸 곳 마인드빌딩
출판신고 2018년 1월 11일 제395-2018-000009호
전   화 02)3153-1330
이 메 일 mindbuilders@naver.com

ISBN 979-11-90015-77-6 (13370)

- 책값은 뒤표지에 표시되어 있습니다.
- 잘못된 책은 구입하신 곳에서 바꿔드립니다.

마인드빌딩에서는 여러분의 투고 원고를 기다리고 있습니다. 출판하고 싶은 원고가 있는 분은 mindbuilders@naver.com으로 간단한 개요를 연락처와 함께 보내 주시기 바랍니다.